BIBLIOTHEQUE CHRETIENNE

DE L'ADOLESCENCE ET DU JEUNE AGE,

Publiée avec approbation
DE MONSEIGNEUR L'ÉVÊQUE DE LIMOGES.

—

IN-8° — 2ᵉ SÉRIE.

On n'entendait que la voix de la poudre et on n'aperçut que les nuages de fumée

LES
DÉBUTS MILITAIRES
EN ALGÉRIE
DE VINCENT DUMIROIR

PAR

ARMAND DE SOLIGNAC.

LIMOGES	PARIS
F. F. ARDANT FRÈRES,	F. F. ARDANT FRÈRES
Avenue du Midi, 7	Quai du Marché-Neuf, 4.

PRÉFACE

Mes chers petits amis,

Je vous adresse les *Débuts militaires* de mon frère, Vincent Dumiroir, que beaucoup d'entre vous ont connu. Dans ces lettres, écrites avec autant de cœur que de gaîté, vous apprendrez à connaître un pays bien différent du nôtre, mais dont le sort est maintenant lié pour toujours aux destinées de la France, et que vous visiterez peut-être un jour, soit comme soldats, soit comme commerçants, soit comme colons, car l'Algérie appelle sans cesse à elle des cœurs français pour la défendre, des bras pour la mettre en culture et des capitaux pour faire fructifier les immenses richesses de son sol.

Si ce premier livre vous plaît, j'aurai bientôt à vous en offrir un autre, sous ce titre : *Histoire de mes sardines* Vincent devenu caporal, a écrit un récit très animé de la dernière campagne des Français en Lombardie et en Piémont, dont j'ai le manuscrit entre les mains

Enfin chaque courrier de Chine nous apporte du sergent Dumiroir, car il vient d'obtenir ce grade, un *journal* plein d'intérêt sur les opérations militaires de nos armées dans ces contrées lointaines, et sur les mœurs des habitants du Céleste-Empire, que je me ferai un bonheur de mettre l'année prochaine entre vos mains.

CLAUDE DUMIROIR,
Instituteur

Le Hamel, 21 janvier, 1862.

LES
DÉBUTS MILITAIRES

DE

VINCENT DUMIROIR.

I

Périgueux, 20 décembre.

J'ai appris, mon cher frère, que tu venais de tomber à la conscription, et que les émotions de la vie militaire n'avaient ponr toi que de médiocres attraits. Notre pauvre vieille mère m'a même écrit que tu pleurais presqu'autant qu'elle.

Ces nouvelles m'ont subitement fait changer la résolution que j'avais de devenir maître d'école en celle de me faire soldat à ta place, et d'aller un peu me délurer à la guerre. Je n'y mets qu'une seule condition, c'est que tu quitteras ton comptoir de commis de nouveautés, ce qui, soit dit entre nous, est un état de filles, pour revenir au village te mettre maître d'école, et enseigner à lire aux enfants des voisins.

De cette manière tout le monde sera content et tout le monde y gagnera. Marguerite aura un mari, notre pauvre vieille mère un fils et une bru à l'aise et dévoués pour soigner sa vieillesse, les enfants un instituteur beaucoup plus instruit que je n'aurais été, et l'armée française un vigoureux gaillard, taillé pour défier la misère, tandis qu'avec ta peau délicate et ta santé chétive, tu aurais été sur les dents à la première étape.

La chose est arrangée depuis une heure avec le sous-intendant militaire, et je ne me suis jamais senti si à l'aise que maintenant. Est-ce parce que je suis fier d'avoir le droit de porter un pantalon rouge, ou parce que ma conscience m'applaudit d'avoir fait une bonne action ? je ne saurais le dire ; mais à coup sûr si toutes mes journées de service ressemblent à la première, je n'aurai pas à me repentir de ce que j'ai fait.

Quand, après la lecture de ta lettre, je me présentai chez le directeur de l'Ecole Normale pour lui annoncer ma nouvelle vocation, il recula d'abord d'une sainte horreur. « Quoi !

s'écriait-il, quitter la plume pour l'épée, aban-
donner le pays et le village, *patriæ fines et dulcia
arva,* pour aller assister à des scènes de car-
nage, au milieu de farouches soldats! Mais à
quoi pensez-vous ? quel démon s'est emparé de
votre esprit ? »

J'eus beaucoup de peine à lui faire compren-
dre que je n'étais pas encore tout-à-fait devenu
fou, et que le métier de soldat étant une profession aussi honorable qu'une autre, il n'y avait
rien de bien étonnant que je me sentisse attiré
vers elle.

Il finit par me donner une cordiale poignée
de main, avec quelques bons conseils. Il y joi-
gnit un exemplaire de son petit *Traité sur la
tempérance,* sans laquelle, dit-il avec raison, il
n'y a point d'honnêteté possible ; et m'ayant re-
conduit jusqu'à la porte de son cabinet, il me
souhaita un bon voyage.

Ayant ainsi rompu avec les muses, je ne son-
geais plus qu'à lier connaissance avec Mars le
dieu des armées. Ce divin personnage est re-
présenté ici par un vieux général goutteux qui
peut à peine se lever de son fauteuil pour se
conduire de la table à son lit. Il me reçut avec
un accès de mauvaise humeur difficile à décrire.
Un autre à ma place aurait peut-être été rebuté

de ses façons peu courtoises, mais j'attribuai son humeur à son mal ; et, sans me décourager, je lui fis part de mes desseins. Je n'eus pas de peine à m'apercevoir qu'il n'y avait en lui de rude que l'écorce; au bout d'un moment ce n'était plus le même homme; il me fit plusieurs questions auxquelles je répondis de mon mieux, et de manière sans doute à lui être agréable, car se tournant tout-à-coup vers le médecin qui le soignait : « Docteur, lui dit-il, je vous recommande ce garçon; tâchez qu'il soit admis ; j'espère que nous en ferons quelque chose. »

La cérémonie de mon acceptation devait avoir lieu le lendemain matin, dans une des salles de l'hôpital militaire. Je n'étais point inquiet sur le résultat, la nature ayant pris soin de me bâtir comme un Hercule. Je passai ma journée à faire mes petits préparatifs, afin de pouvoir me mettre en route aussitôt après mon enrôlement. Une de mes premières visites fut pour la tante Marianne. Cette excellente personne pleura d'abord beaucoup en apprenant ma résolution ; mais quand je lui en eus expliqué les motifs, elle me sauta au cou. en me disant que j'étais un bon fils, et que le bon Dieu m'en récompenserait. Elle se mit aussitôt à entasser au fond d'une petite malle tout ce que son cœur put lui indiquer comme devant m'être utile pour le voyage. Elle y mit des chemises, des chaussettes de laine, du chocolat, des confitures, des prunes sèches, de la pâte de Régnault, et jusqu'à du tabac, car il faut te dire que du moment où la vocation de militaire m'était venue, je n'avais pu résister à la tentation d'acheter une pipe pour me donner l'air d'un ancien, ma barbe n'étant pas assez fournie pour ne laisser aucun doute à cet égard.

Je soupai en tête à tête avec mon vieil oncle qui n'eut garde de laisser passer une si belle occasion de me raconter pour la cinquantième fois la campagne de Russie et l'histoire de la tête de bois. Nous bûmes un peu plus que de coutume, et nous nous séparâmes fort contents l'un de l'autre.

J'ai cependant eu une heure d'angoisses devant le *comité de recrutement*. On me fit entrer dans une grande salle où un colonel et plusieurs officiers étaient réunis. Deux médecins se mirent aussitôt en devoir de constater les défauts et les qualités physiques dont la nature m'avait doué. Ce qui est rare chez les gens de cette profession, ils demeurèrent du même avis, et convinrent unanimement que je n'étais ni bossu, ni borgne, ni boiteux, ni sourd, et que ma taille dépassait un mètre cinquante-six centimètres, qui est, à ce qu'il paraît, la limite inférieure au-dessous de laquelle un homme ne peut plus être brave.

— Bon pour le service ! s'écria le major.

— Bon pour le service, répéta son aide.

— Ecrivez, fit le colonel.

Un vieux sergent en lunettes vertes, espèce de secrétaire du conseil, se mit aussitôt à dessiner mon nom en belles lettres rondes sur une feuille de papier qui devait contenir mon signalement et la formule de mon engagement envers l'Etat. Il paraît que la rédaction est absolument abandonnée à sa judiciaire. Il s'en acquitta du reste avec une scrupuleuse exactitude ; à chaque nouveau détail il relevait la tête, ôtait ses majestueuses lunettes, me considérait un instant, composait sa phrase en parlant à demi-voix, et remettait ses oculaires avant de l'écrire : *cheveux courts, front blanc, sourcils graves, yeux brillants, nez...* ici le greffier fut embarrassé, il gratta légèrement de l'ongle la base de son appareil olfactif, parcourut des yeux les nez de tous les officiers présents, et après une comparaison mentale qui dura une minute ou deux, il écrivit : *nez moyen;*

le reste du signalement fut rédigé d'un trait :
*bouche moyenne, barbe épaisse, menton rond,
visage ovale, teint idem.* Un teint ovale, cela
doit être rare, et je m'estime fort de présenter
un échantillon de cette variété.

Il ne s'agissait plus que de choisir l'arme
dans laquelle j'étais appelé à mourir pour la
patrie.

— Ça ferait un robuste infirmier, dit le docteur.

— Fi donc, un infirmier ! riposta le colonel
en s'arrêtant d'allumer un cigarre ; un dragon,
vous voulez dire.

— Moi j'opine pour l'artillerie, objecta l'intendant qui sortait de cette arme.

— Messieurs, dit le capitaine de recrutement
prenant le dernier la parole, l'arme la plus
difficile à fournir en ce moment est celle des
chasseurs à pied : je propose d'envoyer ce jeune
homme au 19e bataillon, dont les cadres sont
très clairs.

— Voyons, mon ami, choisissez. cria le colonel ; vous êtes libre de choisir, puisque vous
devancez l'appel.

Tout le monde poussa un gémissement en
m'entendant dire que je voulais servir au 54e
d'infanterie de ligne, qui se trouvait alors en

Afrique. Il paraît qu'aux yeux des membres du conseil l'infanterie est un pis-aller où l'on range tous ceux qui ne peuvent servir dans aucune autre arme ; quant à moi, je ne suis point de cet avis. Je regarde l'infanterie comme la base des forces militaires de la France, et le corps qui a le plus contribué à mériter cette réputation d'invincibles que nos troupes possèdent parmi toutes les nations de l'Europe,

Toutes les formalités étant remplies, le sous-intendant vient de me faire délivrer une feuille de route à l'aide de laquelle je prendrai dès ce soir, aux frais de l'Etat, le chemin de fer du Midi. C'est à Alger que je dois aller rejoindre : j'y serai, je pense, dans dix jours. Je m'empresserai, aussitôt arrivé, de te tenir au courant de mes aventures.

Pour toi, mon cher frère, n'oublie pas mes recommandations. Je veux pouvoir penser, quand je serai loin, qu'il y a un maître d'école dans notre pauvre village, et que c'est toi qui remplis cet utile ministère. Tu ne perdras rien au change, sois-en certain : si le séjour des villes offre quelques avantages, celui des champs a des compensations immenses ; et si tous les employés des villes et des manufactures savaient tout le bonheur que l'on eprouve à vivre au grand air, à voir croître les moissons, fleurir les arbres, mûrir les treilles, à entendre chanter les oiseaux, à être pour ainsi dire les coopérateurs du bon Dieu dans le grand œuvre de la fécondation de la terre et de la reproduction des objets nécessaires au maintien de la race humaine, il n'est pas douteux qu'on verrait refluer vers les campagnes tous ces bras qui cherchent vainement une occupation productive au sein des grandes villes.

D'ici je te vois revenu et installé dans la petite maison qui nous a vu naître. Il faudra faire récrépir les murs et monter les treilles autour de toutes les fenêtres. Tu entoureras la cour, tu la planteras de pommiers comme on fait en Normandie, et tu y laisseras croître un beau gazon. Cela ne coûte pas cher et réjouit l'œil. Avec un papier neuf et une couche de peinture, l'ancienne pièce qu'occupait mon père fera une charmante chambre à coucher pour ta jeune femme. Notre mère occupera celle qui est en face, de l'autre côté du palier. La salle du bas servira pour ton école, et vous vous tiendrez dans la cuisine. Quand elle aura été reblanchie à neuf, cette pauvre vieille cuisine où nous avons tant conté de contes bleus, les soirs d'hiver, étant petite, elle reprendra un air de

printemps quand Marguerite y sera installée à
côté de notre mère. Ce sera comme dans sa
jeunesse, lorsque notre père vivait. Te souviens-
tu comme les meubles étaient luisants, et
comme les beaux plats d'étain bien fourbis
brillaient dans le vaissellier à côté des faïences
peintes qui ne servaient qu'aux grands jours de
fête? Je te prie de respecter ces vieux meubles,
mon ami : ils ne sont, il est vrai, qu'en ceri-
sier, et la forme en est un peu passée; mais
notre mère a coutume de les voir à la même
place depuis vingt-cinq ans, et moi-même,
lorsque, au bivouac, je voudrai penser à vous,
je serai heureux de pouvoir me représenter
chacun assis ou debout aux places que je connais, et tes enfants s'appuyant pour essayer leurs
premiers pas aux mêmes meubles qui étaient
là quand nous étions petits ; car les meubles,
eux aussi, font partie de la famille.

Tu donneras tous mes habits à M. le curé
pour ses pauvres. Je n'en veux rien garder
qu'une veste et un pantalon pour quand je reviendrai en semestre. Car je reviendrai, s'il
plaît à Dieu. Quelle fête ce sera de nous revoir, de nous embrasser, de nous serrer la
main, et comme la vieille mère pleurera! J'aurai alors de grandes moustaches et le teint ba-

sané comme un bédouin. Tes petits mioches auront peur du grand sabre de l'oncle Vincent. Je les ferai danser sur mes genoux, je leur conterai des histoires de l'autre monde, et ils ouvriront de grands yeux.

Allons, mon ami, sois bientôt époux, renonce à l'ambition, et sois heureux dans ta famille : c'est le véritable bonheur.

Débuts militaires.

II

Alger, 15 janvier,

Me voilà *pioupiou* : c'est le nom que l'on donne, au régiment, aux aspirants maréchaux de France, tant qu'ils ne savent pas exécuter les manœuvres de peloton et faire la charge en douze temps. Mon costume a quelque chose de si primitif, que j'évite de voir mon image même dans les bassins publics, et que je ne voudrais pas pour tout au monde me trouver en face d'une glace; mais ce n'est pas l'habit qui fait le moine, comme dit le proverbe.

Il faut avouer cependant que les tailleurs mi-

litaires ont peu de génie : ce pantalon trop
court et trop large, qui vous vient au mollet,
cette veste qui vous serre la poitrine et vous
brise les articulations des bras, ce képi, glo-
rieux sans doute, mais qui affecte parfois sur
la tête des conscrits de si singulières expressions, et dont la visière ne préserve ni de la
pluie, ni du soleil, tout cela ne me semble pas
le dernier mot de l'intelligence humaine, et il
arrivera un jour, j'espère, où un bon pantalon
de matelot, une chemise de laine et un chapeau
de feutre à rebords remplaceront l'antique har-
nais militaire de nos vétérans ; mais ce jour-là
je serai vétéran moi-même, sans doute, et ennemi des innovations. Crois-tu que si, au lieu
du ridicule coupe-choux qui nous sert de...
Halte-là ! je m'aperçois que je vais parler poli-
tique

J'ai quitté Marseille vendredi soir, 4 janvier
1857. Notre vaisseau se nommait le *Henri IV;*
c'est un nom de bon augure. Nous étions plus
de trois cents passagers ; la mer était belle ; le
vent favorable, la température douce comme
au printemps ; je croyais pouvoir compter sur
une traversée magnifique, et l'Afrique m'apparaissait au loin toute rayonnante au soleil.

Notre départ de France fut réellement une

belle scène. Nous quittâmes le port aux dernières lueurs du jour, au moment où s'allu
maient toutes les lumières de la ville, et au
firmament un million d'étoiles. Quand, après
avoir traversé avec la rapidité de l'éclair une
allée de plus de deux cents vaisseaux marchands rangés sur notre passage. la mer immense apparut devant nous, je ne pus réprimer
sur mes lèvres un cri d'admiration.

Près de moi les soldats chantaient, les pauvres femmes des colons s'essuyaient les yeux
en arrangeant sur le pont, à la merci de la
houle, une couverture pour abriter la nuit leurs
enfants, tandis que dans le salon des premières
places, au piano, quelques jeunes femmes élégantes jouaient des airs de France et des seguedilles espagnoles.

Mais à mesure que passait le temps, Marseille
fuyait derrière nous ; d'abord les mâts des vaisseaux et leurs pavillons bariolés, puis la ville
avec ses clochers, puis les lumières des maisons, enfin le phare lui-même s'éteignit dans la
brume, et je n'aperçus bientôt plus, de quelque
côté que se tournât ma vue, que la lune pâle
au-dessus de ma tête, et les flots écumants
autour de moi.

Ce fut comme un signal. Nous étions à peine

à une heure de Marseille que le mal de mer commença. Rien ne peut te donner une idée de cet affreux tourment. En un instant les chants cessèrent, les conversations furent interrompues, et la musique fit place aux contorsions et aux cris. Toutes les dames s'enfuirent dans leurs cabines; mais les passagers pauvres, les soldats, les colons, durent rester sur le pont que les vomissements des femmes et des enfants eurent bientôt changé en une mare infecte. Ces malheureuses, transies par le froid de la nuit qui devenait piquant, et torturées par d'irrémédiables douleurs, semblaient à chaque instant toucher à leur dernier soupir. Pour comble d'infortune, la mer devint promptement mauvaise; au mouvement ordinaire du roulis vint se joindre celui du tangage, qui est la sensation que l'on éprouve quand la proue du vaisseau s'enfonce profondément dans le gouffre, tandis que la poupe se dresse vers le ciel. De temps en temps les vagues couvraient le pont, et l'on entendait les cris des malheureux enfants se mêler aux gémissements du navire. Notre pauvre frégate bondissait comme un phoque, et chacune de ses secousses retentissait dans le cœur et surtout dans l'estomac de tous les passagers.

Cette gymnastique dura trois jours. Assis dans

un coin, près de la cheminée de la machine, je passai tout ce temps sans manger, évitant de faire le plus petit mouvement, et bénissant au fond de mon âme ce providentiel tuyau de cheminée qui me protégeait tout à la fois du froid et de la lame.

Enfin, à l'aurore du troisième jour, le cri de terre! terre! fit bondir tous les passagers. Il n'y avait plus de roulis, tout le monde parlait, riait et chantait à la fois. Sur la croupe arrondie de la côte, Alger nous apparaissait au loin, les pieds dans la mer, assise en amphithéâtre au milieu d'une végétation toujours active, avec une vieille couronne de tours à son sommet.

Cette ville ne peut pas être décrite, il faut la voir. Aucune ville française ne saurait en donner une idée. Aussitôt qu'on a quitté le port et la place du Gouvernement, qui s'étend comme une terrasse au-dessus de la jetée, on s'engage dans un dédale de vieilles rues étroites, aux maisons surplombées, qui se couvrent, se croisent et s'enchevêtrent comme un écheveau de fil brouillé par un chat, et où se rencontrent à chaque pas, comme sous la baguette d'une fée, des palais de marbre, des fontaines jaillissantes, des mosquées aux toits pointus, plus découpées que nos vieilles cathédrales, et des bazars pleins de marchands Juifs, Maures, Kabyles, Turcs, Espagnols, Français. qui, assis sur leurs comptoirs, fument silencieusement leurs longues pipes sans adresser un seul mot aux chalands qui passent.

Il m'a fallu plusieurs jours pour apprendre à reconnaître les différentes nations aux costumes que portent leurs patriotes, et cette variété de langages, de figures et de vêtements qui sépare les différentes races n'est pas une des moindres curiosités de cette étrange ville.

Comme dans toutes les villes d'Orient, les Juifs sont ici en très grand nombre. On reconnait parfaitement les hommes à une longue lévite crasseuse, sans taille, qui ressemble un peu à la douillette de nos prêtres, et qui enveloppe leurs corps maigres et leurs jambes nues sortant d'une culotte bouffante. Ils sont coiffés d'une simple cravate de soie noire, chaussés de pantoufles de cuir fauve, et portent constamment en bandouillère un petit havresac en cuir qui leur sert de bourse, de poche et de garde-manger. Les femmes se mettent beaucoup plus richement que leurs maris ; mais ce vêtement, dans sa richesse, a quelque chose d'avare et de parcimonieux qui lui ôte toute grâce. Elles portent, même pour travailler, de longues robes de lampas broché de fleurs très voyantes, et brodées d'or sur la poitrine comme l'habit officiel d'un général ; mais tout cela est étroit et mal coupé ; on dirait que l'étoffe a été mesurée avec regret. Leur coiffure est très originale et sied bien à leur figure brune, calme et régulière : elle se compose de mouchoirs de soie et de dentelles entremêlées de pierreries et de branches de corail. Elles ne portent pas de bas, et chaussent leurs pieds dans de petites babouches de velours rouge brodé de métal.

Je suis allé à la synagogue, et je n'y ai aperçu aucune femme ; le lieu de prière des Juifs est peu respecté. On y cause et on y parle d'affaires dans les intervalles des offices, sans le moindre respect pour la sainteté du temple. Le décor de ces édifices est très sévère : on n'y voit ni tableau, ni statue, ni même de propreté. Une lampe suspendue, qui brûle continuellement, est le seul indice de leur destination. Pendant l'office, un rabbin en robe noire lit la Bible écrite sur une longue bande de parchemin, montée sur deux bâtons, dont l'un se déroule pour enrouler l'autre. Les fidèles chantent les psaumes, assis à la manière des tailleurs, en branlant la tête d'une façon qui, au premier abord, semble très ridicule.

Il me serait difficile de dire ce que sont les Sarrasines; je n'ai encore vu que leurs voiles. Elles sortent toujours enveloppées dans une immense pièce de laine blanche qui ne laisse voir que leurs pieds garnis d'anneaux d'argent ciselé. Il faut que le reste se devine, ou qu'un coup de vent vienne en aide aux curieux. Les femmes Arabes vivent constamment chez elles, et ne sortent que pour aller au bain. Le mari et les esclaves noirs sont chargés de faire toutes les provisions. Il paraît que dans leur intérieur elles quittent ce voile gênant qui leur donne des airs de revenant; elles apparaissent alors avec des culottes de soie claire qui ne viennent que jusqu'au genou, une sorte de veste à manches courtes, dans le genre de celles des zouaves, et une profusion de bijoux aux mains, au cou et dans les cheveux. Presque toutes sont un peu tatouées au milieu du front. Les dessins de ce tatouage varient suivant les familles et servent de preuves de noblesse.

Les Arabes que l'on rencontre dans les rues, presque toujours à cheval, avec un visage noble et grave, une belle barbe et de riches vêtements, sont tous de très beaux hommes chez qui la distinction semble innée. Leur vêtement se compose d'une *culotte* turque très large à cou-

lisse, d'une *gandoura*, espèce de longue robe
d'étoffe blanche, d'un *haïk*, qui n'est autre chose
qu'une pièce de flanelle blanche . qui, après
avoir entouré leur tête et leur visage, descend
en se drapant jusqu'aux pieds, en laissant toute-
fois les bras libres, et de deux *burnous*, ou
manteaux à capuchons, l'un blanc, l'autre noir,
superposés et rejetés en arrière. Leur coiffure
est très originalement exécutée avec les replis
du haïk et un cordon de poil de chameau qui
fait un grand nombre de circuits autour de la
tête et constitue le turban. Ils sont toujours ar-
més de sabres et de longues carabines, et
chaussés de bottes en maroquin rouge, brodées
d'or ou de soie, derrière lesquelles sonnent leurs
énormes *schabiers* ou étriers pointus.

Ils quittent leur chaussure seulement pour
entrer à la mosquée en signe de respect. Leur
exactitude aux heures de la prière est très
grande. Ils en sont avertis par la voix retentissante des crieurs qui montent à cet effet sur les
tours des mosquées, où on les entend plusieurs
fois la nuit et le jour. Les mosquées sont construites à peu près comme nos anciens monastères.
C'est une cour carrée, pavée de marbre, avec
une fontaine au milieu et une galerie tout autour. Ces galeries sont ornées de peintures vives

et de dorures, mais elles ne représentent aucun dessin d'hommes, d'animaux ou de fleurs. Une niche vide indique la place de Dieu. Il y a en face une chaire pour le marabout, et beaucoup de lampes suspendues qui brûlent continuellement. Pour prier, les musulmans se tournent vers l'Orient, ét font une suite de génuflexions et de baisements de terre qui doivent beaucoup les fatiguer. D'autres fois ils se placent sur deux rangs, assis les jambes repliées, et chantent alternativement leur office sur des airs qui ont quelque analogie avec ceux des psaumes qu'on chante à vêpres dans nos églises. Les femmes ne mettent jamais les pieds dans le lieu saint.

Je ne parlerai pas des églises catholiques : ce sont d'immenses mosquées qui, si l'on en exempte la cathédrale, n'ont rien de bien remarquable. Les fidèles que l'on y trouve sont en grande partie Espagnols, Maltais et Allemands. Les Français de la colonie ne se font malheureusement pas remarquer par leurs bonnes mœurs ni par leur fidélité à remplir les devoirs de la religion. On les rencontre plus souvent au cabaret qu'à l'église, et, sous ce rapport, les Juifs et les Arabes, avec leur fidélité exemplaire aux exercices extérieurs du culte, leur mépris du respect humain, leur éloignement pour les cafés, les maisons de jeu, et leur grand respect pour la dignité humaine , pourraient servir d'exemple à quelques-uns de nos compatriotes.

Veux-tu, maintenant, mon cher frère, connaître mon logement? il est tout-à-fait princier : c'est la *kasbah*, c'est-à-dire l'ancienne résidence des redoutables deys d'Alger, qui nous sert de caserne. Cette forteresse est placée tout-à-fait au haut de la ville ; elle la couronne et la domine à la fois. C'est un amas de grosses tours, de murailles épaisses et de bâtiments fort anciens, disposés de la manière la plus capricieuse, et entrecoupés de cours, de préaux et de jardins. Je trouve dans un livre la description suivante de cette forteresse au moment de la conquête des Français, en 1830 :

« On y pénètre par une porte lourde et massive, sous un porche obscur, au bout duquel se trouve la première cour, plantée de très vieux arbres, et ornée d'une fontaine de marbre d'où s'échappe, dans une coupe gracieusement sculptée, une eau claire et limpide. Une ruelle étroite, flanquée par les écuries du dey, aboutit à la cour du divan. C'est la plus vaste et la principale de toutes : elle est pavée en marbre et entourée d'une galerie couverte, soutenue par de belles colonnades mauresques également en marbre blanc. On y remarque un citronnier plusieurs fois séculaire et des arbres de tous les pays, couverts d'oiseaux rares, ainsi qu'une fosse où l'on entend sans cesse rugir les lions; enfin toutes les merveilles que peut offrir le palais d'un prince oriental. Sur un des côtés de la galerie resplendissent des glaces de toutes les formes et de tous les pays. Une banquette règne dans toute la longueur; elle est recouverte d'un tapis de drap écarlate bordé d'une frange de même couleur. C'est là que se plaçait le dey pour tenir son divan, rendre la justice ou donner audience aux consuls ou aux marchands étrangers. C'est là qu'eut lieu la scène des chasse-mouche. Cette galerie avait des meubles magnifiques, des tapis de Smyrne, une pendule de Boule enrichie de bronze doré, une chiffonnière de laque dans laquelle on a trouvé un *Koran* et des boîtes de parfums. Dans cette même galerie s'ouvre la porte du trésor, armée de serrures énormes et d'un fort guichet de fer. Elle donne entrée sur deux ou trois corridors sur lesquels s'ouvrent des caveaux sans fenêtres. C'est là qu'étaient jetées en tas des monnaies d'or et d'argent de tout pays. Les appartements du dey et de son harem occupaient le second étage. On y arrive par un escalier très vaste. orné de

boiseries peintes aux couleurs du deÿlik, qui
étaient le vert et le rouge. Une galerie toute
semblable à celle du rez-de-chaussée règne aussi
à cet étage sur toute la circonférence de la cour
du divan. Elle est ornée de larges fenêtres mauresques et de stores aux couleurs vives pour di-
minuer l'éclat du jour. On entre dans les appartements du harem par une petite porte très
basse. Le mobilier de cette partie du palais est
d'une somptuosité féerique. Des tapis de grand
prix, des étoffes d'or et d'argent, une multitude
de coussins et de tentures en étoffe de soie bro-
chée d'or, des glaces, des cristaux sans nombre,
des meubles de bois odorant surchargés d'or-
nements divers, des lits entourés de moustiquai-
res en mousseline de l'Inde à fleurs d'or, des
parfums partout, en faisaient un véritable Eden.
Mais le dey et ses femmes devaient seuls jouir
de ces merveilles; aucune fenêtre ne pouvait y
laisser pénétrer les regards; seulement de petites meurtrières étroites, longues et grillées
avec soin, donnaient du jour du côté du jardin
et laissaient apercevoir à peine quelques échap-
pées de mer et de verdure. »

Ce riche et merveilleux palais n'est plus maintenant qu'un vaste et redoutable amas de cons-
tructions militaires. Les splendides galeries,

les somptueux appartements n'ont plus d'autres
meubles que des couchettes en fer et des plan-
chettes où s'étalent notre sac en peau de veau
et nos souliers, dont le soin que nous prenons
de cirer leurs semelles ne peut masquer les
usages vulgaires. La mosquée sert d'atelier aux
armuriers et aux tailleurs; le harem n'exhale
plus que l'odeur des cuisines régimentaires, et
la place même où fut donné le fameux coup
d'éventail qui décida la ruine de la Régence sert
de cabinet de travail à un sergent. Tout tombe
en ruines sans que personne songe à le réparer.
Les colonnes de marbre blanc, les portes sculp-
tées, les fresques, les plafonds de bois doré,
les lambris de faïence aux couleurs vives, at-
tristent le cœur plus qu'ils n'intéressent. Il n'y a
qu'une chose à la kasbah que l incurie des hommes ne pourra détruire, c'est la vue merveilleuse qui d'un côté domine le port et plonge à
l'infini dans l'océan, tandis que de l'autre elle
aperçoit les pitons lointains de la Kabylie qui
semblent écorcher les nuages et les cîmes nei-
geuses du Djurjura, le Mont-Blanc de l'Atlas.

III

Mes journées sont fort occupées; on ne se fait pas d'idée dans le monde de ce que c'est que la vie de ces pauvres fantassins que l'on accuse d'être des gens oisifs.

Nous nous levons généralement à cinq heures du matin, au son du tambour et à la voix des caporaux de chambrées, dignitaires avec lesquels il n'y a pas à plaisanter. Chacun fait son lit, se lave à la pompe, fourbit ses armes, astique ses boutons, huile ses guêtres et brosse ses vêtements pendant une demi-heure. L'appel se fait alors, sous la présidence des sergents, pour

Débuts militaires.   3

constater que personne pendant la nuit n'est mort sans prévenir, ou ne s'est échappé de la caserne. Après l'appel, on endosse son sac, on ceint sa giberne, on s'arme de son fusil, et on part pour l'exercice qui doit durer jusqu'à huit heures. C'est alors que ce champ de manœuvre présente un spectacle plein d'attraits pour les gamins.

— *Une... deusse!...* dit le caporal. Aussitôt les bras se raidissent, les jarrets se tendent, dix-huit cents pieds gauches se lèvent simultané-ment, la pointe en bas, se portent en avant, s'a-baissent, et sont remplacés par dix-huit cents pieds droits qui répètent le même mouvement, alternativement, en cadence, avec la régularité d'un balancier, tant qu'il plaît à l'œil exercé de l'instructeur de trouver à redire sur la rectitude de l'un, l'alignement de l'autre ou la majesté de l'ensemble.

— *Chargez... arm!...* reprend la même auto-rité. Alors, en douze mouvements calculés à deux cinquièmes de seconde chacun, le fils des champs le plus primitif apprend et exécute l'art difficile de poser son fusil, prendre la cartouche dans sa giberne, la déchirer avec les dents. la vider dans le canon de son arme, bourrer, met-

tre la capsule et replacer la baguette en cadence, après lui avoir fait par trois fois exécuter une pirouette retentissante au fond du
canon.

Ces deux exercices, aussi salutaires pour le
cœur que satisfaisants pour l'intelligence, se répètent indéfiniment, jusqu'à ce que l'appétit
des exécutants soit suffisamment développé pour
les rendre capables de dévorer n'importe
quoi

On rentre alors à la caserne, on dépose ses
armes, on déboucle sa ceinture, et chacun reçoit, dans la petite et gracieuse gamelle que tu
connais, une soupe grasse, cent cinquante grammes de légumes, deux cents grammes de
viande bouillie, et le quart d'un pain de muni-
tion, avec de l'eau tant qu'on en veut. Tu ne
peux pas t'imaginer combien cette soupe semble bonne, et comme ce pain a un goût succu-
lent. Le ministre de la guerre savait bien
l'axiôme : que l'exercice est le premier des
condiments, quand il a ordonné de le placer
avant chaque repas.

De dix heures à deux heures ont lieu les
cours de théorie, de danse, d'escrime, d'écriture, etc. C'est là que le troupier français
apprend cette distinction de manières qui le

caractérise, et ce langage émaillé d'une rhétori-
que toute spéciale qui, dans un certain monde,
rend ses discours si incendiaires.

A deux heures, reprise de la marche en cadence et de l'exercice en douze temps. On y
ajoute parfois l'escrime à la baïonnette, dont
toutes les poses, manœuvres et progressions,
sont disposées dans le but de rendre le fantas-
sin agile, souple et rusé en face de l'ennemi.

Puis nouvelle soupe, nouveaux légumes,
nouveau quart de pain et nouvel appétit. Je dois
ajouter que, le mardi et le vendredi soir, la
soupe est remplacée par un *rata* par excellence
où trouvent place simultanément toutes les subst
tances de nature mangeable qui se rencontren
sous la main des cuisiniers de semaine, depuis le chat de gouttière jusqu'à la tortue de
Numidie.

Alors, s'il n'est ni de garde, ni de planton,
ni de corvée, ni de cuisine, ni consigné, le fan-
tassin français, sous la réserve d'être arrêté au
passage comme malpropre par le sergent portier-
consigne, peut librement sortir jusqu'à sept
heures, et se donner toutes sortes de distrac-
tions honnêtes avec les cinq centimes que l'Etat
lui alloue pour ses menus plaisirs.

Je profite ordinairement de ces rares heures

de liberté pour sortir un peu de la ville et aller respirer le grand air de la campagne. Il fait si bon dans les champs! Quoique nous ne soyons encore qu'au mois de février, tout ici annonce le printemps et reverdit à la douce chaleur du soleil. Déjà les arbres bourgeonnent, les blés montrent leurs jeunes épis, les oiseaux ramassent des brins de paille pour construire leurs nids, et les fleurs ouvrent leur calice.

Les environs d'Alger ne le cèdent, m'a-t-on dit, à aucun des plus beaux sites de l'Italie. Ce ne sont que jardins plantés d'orangers et de vignes, maisons mauresques ou gothiques, plantureuses prairies, ravins où l'on est déjà tenté d'aller chercher l'ombre, vergers fleuris, potagers déjà pleins de légumes nouveaux, population active et aisée, bien-être général.

A plusieurs lieues à la ronde, la banlieue est entièrement occupée par des colons européens et couverte de cultures dirigées suivant les habitudes de notre pays. A peine çà et là, le long des haies, rencontre-t-on comme vestige de la flore indigène quelque gigantesque cactus aux feuilles épineuses, ou des bordures de ces aloès que nous cultivons avec tant de peine en France pour en apercevoir une fois dans la vie la fleur centenaire. Les champs sont pleins de blé, de garance, de betteraves, de tabac, de vignes et de pommes de terre.

Les villages qui entourent la ville ont une physionomie toute particulière. Autrefois la fertile plaine de Mitidja, qu'ils couvrent, n'était qu'un vaste marais. Notre gouvernement, après avoir assaini les terrains par de profondes tranchées d'irrigation qui ont été exécutées par la troupe, a lui-même choisi l'emplacement des centres de population, divisé les héritages et construit les maisons avant d'y appeler l'industrie privée. Il en résulte que tous ces villages, bâtis sur les plans des officiers du génie, présentent, sur un tracé régulier et uniforme, tous les caprices de l'imagination des architectes. Les places, les lavoirs, l'église, l'école, la maison commune, les habitations particulières, les étables, au lieu d'être placés au hasard comme dans nos communes de France, offrent ici un ensemble et un air de progrès qui réjouit l'œil. Chaque maison a son jardin, chaque rue est pavée, chaque place est plantée d'arbres et décorée d'une fontaine. De larges fossés font le tour des villages, et des portes, munies de ponts-levis, peuvent au besoin le changer instantanément en une place de guerre.

J'ai fait connaissance avec le maître d'école

d'une de ces paroisses. qui porte le nom d'El-Biard. C'est un jeune homme qui avait d'abord étudié pour être prêtre. Il est bien élevé et fort instruit. Le gouvernement lui donne quinze cents francs, en dehors de son école qui présente la plus jolie réunion possible de petites têtes curieuses et intelligentes. Sa maisonnette ferait envie à plus d'un rentier de nos pays. Elle est précédée d'une grande cour pour les enfants, et suivie d'un jardin qu'il cultive lui-même avec autant de goût que de succès. Il vit là avec sa femme, une petite fille et une jeune sœur qu'il espère établir dans le pays. Son ménage m'a donné une idée de ce que sera le tien quelques jours, car je suis bien aise d'apprendre que ton mariage avec Marguerite est arrêté, et que tu as suivi mon conseil de quitter la ville pour revenir au village, et la demi-aune pour le martinet. Ne va pas cependant abuser de cet instrument comme tu faisais de l'autre, et réserve-le pour les grandes occasions. Il doit suffire d'un martinet pour la vie d'un instituteur, me disait mon nouvel ami, l'autre jour, en me versant de son meilleur vin.

Je ne voudrais pas terminer ma lettre sans te rendre compte d'une autre visite que je fis, il y a quelque temps, à un amas de cahuttes de paille toutes moisies, qui semble s'étaler comme un champignon vénéneux au milieu des riches proprettes habitations voisines. Ce village, ou plutôt cette écurie, est habité par une tribu de nègres qui vivent de je ne sais quel métier honteux. Leurs habitations sont des huttes de feuillages, bâties et disposées sans aucun plan, dont l'unique ouverture sert à la fois de porte, de fenêtre et de cheminée. On appelle cela un *gourbi*. Favorisé par mon costume, qu'ils savent reconnaître et qu'ils respectent, je pus pénétrer dans un de ces bouges où un jeune Cafre et sa femme déjeunaient. Un réchaud de terre, une vieille caisse défoncée et un lit de peau d'agneau où dormait un négrillon dans un coin, formaient tout l'ameublement. Le mari était vêtu d'une longue blouse de laine bleue très fanée. La femme avait des anneaux de fenêtre aux oreilles, des bracelets aux pieds, un foulard sur la tête et une longue chemise d'indienne claire sur le corps. Accroupie dans l'attitude d'un lièvre à la broche, elle préparait des gâteaux d'orge sous la cendre et une infusion de café. Ils m'offrirent par signes de partager leur repas : j'acceptai. Je mangeai du pain brûlant et j'avalai une épaisse et noire infusion de Moka, sans sucre, dans une

tasse de bois. Je les complimentai de mon
mieux. Le mari, enchanté de mes manières, me
raconta alors, en mauvais espagnol mêlé de
sabir (1), qu'il exerçait la profession de *rekkas*
ou courreur public, dont l'emploi consiste à
porter les lettres d'un chef à un autre, ou d'un
commerçannt à son créancier. Mais son industrie
réussissait peu. Il avait cependant résolu d'acheter une maison à la française, et de se faire mar-
chand d'oranges. Le moyen qu'il venait d'em-
ployer pour se procurer l'argent nécessaire à
cette transformation lui semblait fort ingénieux
il avait vendu un de ses enfants cinquante douros (250 fr.), et se proposait de vendre l'autre
dès qu'il aurait atteint l'âge convenable. Cela
paraissait si naturel à la jeune femme qu'elle
souriait pendant ce récit, en remplissant les
tasses.

(1) Le *sabir* est un jargon inventé par les soldats et les colon-
pour communiquer avec les indigènes.

IV

Voici qu'il faut changer de ton, mon cher frère, et emboucher la trompette épique ; car au son du tambour nous venons de quitter Alger pour entrer en campagne.

La guerre, les blessures, le pillage, la victoire, on n'entend que ces mots sortir de toutes les bouches. Il paraît que nous avons quelques grande conquête à faire ou quelque importante injure à venger ; nous marchons par étapes forcées vers la Kabylie.

Ce pays tient une bien petite place sur la carte d'Afrique, mais il en tient une immense dans la tête du général Randon, gouverneur actuel de l'Afrique française.

L'histoire raconte que les montagnes de la Kabylie sont habitées par les descendants des anciennes peuplades chrétiennes qui occupaient le nord de l'Afrique à l'époque de saint Augustin, et qui, aussi habiles, aussi industrieux que les Arabes le sont peu, faisaient de cette contrée le grenier de Rome. Lorsqu'arrivèrent, au quatrième siècle de notre ère, les invasions des barbares et la chute de l'empire romain, ces peuplades, qui étaient presque toutes chrétiennes, pour échapper à l'aveugle fureur des Vandales, se réfugièrent dans les montagnes qui leur présentaient un asile inaccessible, et y sont demeurées depuis lors, sans que les différents maîtres qui ont successivement envahi leur ancienne patrie, les Grecs de l'empire d'Orient, les Arabes, successeurs de Mahomet, les Turcs. appelés par Barberousse à la tutelle de la Régence d'Alger, aient pu parvenir à les soumettre et obtenir d'eux autre chose qu'un léger tribut.

Depuis l'établissement de la domination française sur ces rivages, différentes entreprises ont été faites pour réduire ces fiers montagnards que le réseau de nos possessions enveloppe de tous côtés; et malgré nos efforts, ces hommes, passionnés de liberté, qui se regardent à bon droit comme les légitimes propriétaires du sol, sont debout devant la France, en lutte ouverte avec elle, recueillant ses déserteurs, soutenant ses ennemis, rançonnant ses tribus soumises, ou pillant ses postes avancés.

Quatorze expéditions ont jusqu'ici vainement tenté de mordre ces rochers sauvages, d'escalalader ces pitons sans chemin, au sommet desquels nichent comme des aigles ces farouches Berbères, dont les ancêtres se faisaient un jeu de chasser pour les amphithéâtres de Rome les lions et les panthères de l'Atlas.

« Le territoire de la grande Kabylie se compose, disent les savants, d'un seul massif de montagnes en étages successifs, dont le centre principal est une immense muraille de rochers à pic qui porte le nom de Djurjura. Sa superficie, estimée à huit mille kilomètres carrés, est bornée, approximativement, au nord, par Dellys et la Méditerranée; à l'est, par Bougie; à l'ouest, par la vallée de l'Isser; au sud, par Aumale. Sa population est estimée généralement à deux cent cinquante mille habitants. »

Autorisé par l'empereur, le maréchal gouverneur a formé le noble projet de réduire à jamais ces fanatiques peuplades, d'écraser cette résistance, d'éteindre ce foyer d'insurrection, et de planter si haut le drapeau de la France sur les crêtes chenues de ces montagnes, qu'il puisse être aperçu de tous les navires qui feront voile dans les eaux de la Méditerannée.

Pour accomplir cette œuvre difficile en répandant le moins de sang possible, envelopper la Kabylie, par sa base, et terrasser pour ainsi dire l'ennemi à bout de bras plutôt qu'à coups de fusil, il a été résolu qne trente-cinq mille hommes de troupes régulières prendraient part à l'expédition. Cette nombreuse armée est divisée en quatre colonnes.

L'une doit occuper les vallées de l'ouest, autour du fort de Dra-el-Nizan, sous les ordres du colonel Drouhot.

Une seconde doit concentrer ses opérations au sud du Djurjura, dans la vallée de l'Oued-Sahel. Elle est commandée par le colonel d'Argent.

Le général Massiat, avec une troisième colonne, doit se concentrer sur les frontières sud-est du pays ennemi, en face du col de Chellata.

La colonne principale ou d'attaque est commandée par le maréchal en personne. Elle comprend près de vingt-cinq mille hommes, grou-

pés en trois divisions, sous les ordres des géné-
raux Yusuf, de Mac-Mahon et Renaud. Je fais
partie de la deuxième division de cette colonne,
et je m'applaudis d'avoir à marcher sous les ordres d'un général aussi renommé que celui qui
nous dirige.

Nous avons quitté Alger le 15 mai. Nous n'a-
vons que sept jours de marche pour arriver au
point où doivent commencer les opérations. Les
anciens, qui ont déjà expéditionné dans ces pa-
rages, nous montrent de loin les crêtes des
montagnes et racontent des choses inouïes sur
les magnifiques jardins, les fruits exquis et l'eau
abondante de cette Suisse africaine. Tout le
monde rit et chante comme si nous allions à une
noce. Nous portons sur notre dos notre sac, notre tente, nos vivres pour deux ou trois jours,
nos marmites, bidons, gamelles. que sais-je ?
C'est un poids formidable joint à celui du fusil,
et cependant personne ne se plaint ni du soleil,
ni de la chaleur. Les soldats égrenés, sans
rang, la tunique ouverte, le fusil à volonté, le
pantalon dans les guêtres, causent du pays,
forment des projets et racontent des balivernes ;
les officiers à cheval ou à pied, suivent leurs
rangs, apparaissent çà et là, un caban blanc
sur le dos, un mouchoir flottant sur leur képi,

vont, viennent, causent, fument, rient de nos
saillies, et chacun semble heureux comme si la
vie des camps, la vie du soldat au grand air,
au danger, à la gloire, était l'élément naturel
des Français.

Nous avons campé le premier jour à la *mai-
on carrée*, espèce de fort situé seulement à
trois lieues d'Alger. Veux-tu savoir ce que c'est
qu'un campement? On arrive, le tambour bat,
les rangs sont rompus. Aussitôt les compagnies
se divisent par de petits groupes dont les membres doivent cuisiner, manger et coucher ensemble. C'est alors qu'excité par une noble
émulation, chacun donne l'essor à son génie
pour procurer à la communauté la plus grande
somme possible de bien-être, avec les ressources limitées dont il dispose. Pendant que les
uns dressent la tente commune, les autres vont
aux provisions : l'un revient de la boucherie
avec un énorme quartier de viande; un autre
traîne du bois mort ou vert cassé à l'arbre voi-
sin; un troisième, qui s'est emparé du bidon,
court à la source ou à la rivière; d'autres allu-
ment le feu, émiettent le biscuit, préparent le
café qui se boira, non pas à pleines tasses,
mais à pleins litres; les plus aventureux vont
à la recherche des artichauts sauvages, des

carottes avec ou sans propriétaires, des poules
fourvoyées le long des haies, et bientôt les feux
flambent, les dîners cuisent et les propos joyeux
courent la plaine.

On dîne, on rectifie l'alignement de sa tente,
on s'assure de la solidité des piquets, on dispose sur la terre trop dure des matelas d'herbe sèche, et pour digérer son repas, on fait
une douce sieste qui se prolonge jusqu'au soir.

Pendant ce temps les convois arrivent, les
Arabes qui les conduisent passent lentement en
interpellant leurs chameaux indociles. Ces hideuses bêtes, avec leur corps difforme et leur
tête singulière, portent des fardeaux très lourds
plus sûrement que les meilleurs mulets, et dé-
filent devant nous par milliers, chargés de biscuit, de pain, d'eau-de-vie, de conserves, de
sucre, de café, de vin, de tout ce qu'il faut pour
alimenter une armée immense. Sur les flancs
du convoi, un *saphi* drapé de rouge excite les
retardataires de la voix et du bâton, les dirige et
vient les grouper généralement en un point facile à défendre, où bêtes et gens s'étendent silencieux sur la terre, et dînent d'un morceau de
galette d'orge. attisant d'une main maigre le feu
qui éclaire leurs mines basanées.

Ces feux du soir, qu'on allume devant toutes

les tentes et qu'on a soin d'entretenir toute la nuit, produisent l'effet le plus pittoresque. Vus de loin, ils ressemblent à un immense incendie; à demi-distance on dirait une scène du sabbat des sorcières. A la lueur des flammes rouges du lentisque et du jujubier, la taille humaine semble grandir des deux tiers, et l'ombre portée donne aux physionomies les expressions les plus étranges. Si l'on joint à cela les sauts et les gambades des jeunes soldats, les cris des hommes ivres, les aboiements des chiens, les grognements des chameaux, les beuglements du troupeau qui suit l'armée et le sourd murmure résultant dans l'air de trente mille voix qui parlent, on aura une idée de l'aspect que présente un camp à l'entrée de la nuit et des pensées qu'il fait naître dans l'esprit.

Il est vrai que, pour moi, ces pensées ne me préoccupent guère; hier, à la maison carrée, je me suis couché à huit heures, et ce soir, que ma tente est dressée tout près des dernières maisons du village de l'Alma, fondé seulement depuis l'année dernière, je vais me mettre au lit aussitôt que j'aurai plié ma lettre.

V

Je t'envoie ce soir les feuilles mêmes de mon journal, mon cher Claude, car il pleut à verse, et le vent qui déracine à chaque instant les piquets de nos tentes m'empêche absolument de tenir sur mes genoux une feuille de papier et ce qu'il faut pour écrire.

15 *mai.* — Nous entrons dans un pays cultivé avec beaucoup de soin et couvert de moissons magnifiques. Les orges commencent à jaunir. La chaleur est très vive, et le défaut de fontaines ou d'eau courante se fait vivement et péniblement sentir. J'ai beau essayer de calmer ma

soif avec un mélange de café et d'eau que je
porte dans mon bidon; cette boisson est tiède et
ne me fait aucun bien. A travers le nuage de
poussière qui nous enveloppe, on aperçoit dans
e lointain quelques-uns de ces immenses troupeaux de bœufs , de chameaux et de moutons
qui font la richesse des grands seigneurs de ce
pays. Cela rappelle les histoires de la Bible et les
mœurs de Laban. Il semble, à voir ces esclaves
noirs, bizarrement vêtus de peau de bêtes, et
leurs maîtres enveloppés de longs manteaux de
laine blanche , avec une longue houlette à la
main , que rien n'a dû changer ici depuis les
temps d'Abraham, et que les fils d'Ismaël vivent
comme s'ils étaient encore sous la tente du pa-
triarche.

Nous avons traversé ce matin un marché
arabe. Cela ressemble un peu à nos foires, à
l'exception qu'on n'y voit pas de femmes et que
les boutiques des marchands sont étalées sur le
sol même, avec une petite tente comme la nôtre
pour abri. Le commerce se fait entièrement par
des juifs voyageurs, dont le magasin loge sur le
dos d'un ou de deux mulets au plus, et qui vont
ainsi courant les *souks* (marchés), comme font
nos merciers forains en France. Ils vendent des
soieries, des calicots, de la bijouterie fausse,

des épices, des teintures, et en même temps des
drogues pharmaceutiques pour les hommes et
pour les animaux. Les laines, les bestiaux, les
chevaux de prix se vendent, un peu plus loin,
aux marchands venus de France ou d'Espagne.
J'ai remarqué qu'on vend en ce moment beaucoup d'armes, vieux fusils, vieux sabres, vieux
pistolets à pierre. Cela tient sans doute à l'état
d'insurrection des tribus voisines, dont quelques-
unes, dit-on, ont résolu de s'unir contre nous
aux Kabyles. Sans doute que l'aspect imposant
de notre armée les fera changer d'avis.

16 *mai.* — Nous avons campé hier soir sur
l'herbe, dans un champ d'artichauts sauvages,
et mangé une délicieuse soupe à la tortue. L'Isser
est une rivière assez large, mais elle est encais-
sée et n'a aucune trace de végétation sur ses
bords, en sorte qu'il faut être sur la rive pour
l'apercevoir. Pendant que nous le traversions
à gué, ce matin, le soleil se levait dans le brouil-
lard et éclairait la rive opposée d'une teinte
vaporeuse et rosée, enveloppant les objets
de manière à leur donner une forme indécise
et étrange comme le paysage d'un rêve. Un pal-
mier, un bouquet de bouleaux, un cheval atta-
ché à la porte béante d'un caravansérail, quelques arabes accroupis dans leur burnous ; à

droite , les découpures d'un terrain fertile ; à gauche, les mille incidents d'un convoi de chameaux chargés de vivres, et devant soi des soldats qui traversent en trébuchant le lit de la rivière dont les eaux sont assez fortes. Il y a là le sujet d'un tableau charmant.

A mesure que nous avancions dans les hautes herbes, l'aspect presque continuel de petites koubbas (1) blanches sur tous les mamelons , indiquait un pays d'abondants pâturages où campent constamment les tribus.

En effet, nous ne tardâmes pas à arriver à un *douar* beaucoup plus important que tous ceux que nous avions traversé depuis notre départ d'Alger. Il était formé d'une vingtaine de tentes disposées en rond, autour d'une vaste clairière où l'on a coutume de parquer les troupeaux pendant la nuit. Chaque tente abrite une famille. Elle présente une étendue de six à sept mètres carrés, et la toiture en est formée de pieux fichés en terre, au—dessus desquels passe une épaisse étoffe de poil de chameau que des centaines de piquets rattachent au sol. Là-dedans habite un

(1) Les koubbas sont de petites chapelles funéraires surmontées d'un dôme que les arabes élèvent sur le lieu où les saints personnages de leur religion ont cessé de vivre.

peuple malpropre, à peine vêtu, et qui ne connaît aucun des aises de la vie hormis le repos. Des chiens innombrables qui, à force d'aboyer, ont usé leur voix, glapissent sans cesse autour des passants; des poules, des chèvres, de jeunes veaux courent pêle-mêle avec les enfants, et semblent confondre leurs demeures respectives.

Plusieurs femmes étaient sorties pour nous voir passer. Poussé d'une curiosité puérile, je m'avançai vers l'une d'elles sous prétexte de lui acheter du lait; mais quand je vis ses mains crasseuses, ses vêtements sales et les hideuses peaux de bouc dans lesquelles les Arabes ont coutume de conserver les liquides de toute nature, je n'éprouvai plus qu'un mouvement d'horreur. Ces malheureuses cependant ont le goût de la coquetterie ; sur leurs cheveux, qui n'ont jamais connu le peigne, avec leurs vêtements sordides qu'elles laissent pourrir sur leur dos avant de songer à les laver, elles étalent des colliers de corail et de grains de verroterie, et des bracelets, tantôt d'argent, tantôt de bois, aux poignets et aux pieds, avec de gigantesques pendants d'oreilles qu'elles sont obligées de rattacher par dessus la tête pour ne pas en avoir le lobule auriculaire déchiré.

17 *mai*. — Nous sommes en Kabylie. Le vaste pâté de montagnes que nous devons attaquer se dresse devant nous avec ses crêtes rocheuses, ses ravins profonds, ses versants couverts de vieux arbres, et les villages perchés sur la cîme des pitons avec les nids des vautours fauves qui viennent le soir planer autour de nous. On voit au premier aspect que ce pays est habité par un peuple nombreux, travailleur, économe, qni ne laisse aucune terre perdue. A l'endroit où la montagne commence et où ses dernières déclivités se mêlent aux terrains de la plaine, des figuiers, des oliviers plantés avec goût, en lignes régulières, laissent entrevoir un sol cultivé, labouré, préparé comme chez nous. Du blé, des orges mûrs, des sainfoins aux fleurs roses croissent dans les intervalles et reposent agréablement la vue. Puis les pentes devenant plus raides, les arbres à fruits se font rares et sont remplacés par des frênes qui poussent comme accolés à la terre qui les porte, descendent avec les ravines dans les fentes profondes du terrain et se penchent sur les ruisseaux qui descendent en cascade comme des torrents. A mesure que la montagne se dresse, la terre végétale devient plus rare. De maigres jardins, clos d'une muraille en pierre sèche, se dessinent de place en place ; ailleurs la carcasse pierreuse de cet immense squelette montie son dos pelé dont la couleur se confond avec les misérables maisons qu'il supporte.

Ce sont ces villages qu'il va falloir enlever, ce sont ces montagnes, dont la hauteur varie de huit cents à neuf cents mètres, qu'il faudra gravir comme à l'échelle, sans sentier, avec le sac sur le dos et les fusils ennemis dans les yeux.

18 *mai*. — Nous nous arrêtons aujourd'hui à Tizi-Ouzon : c'est un ancien fort turc qui avait été construit sans doute pour servir de porte de clôture à la Kabylie. Il est probable que les deys de la régence, ne pouvant soumettre ces montagnards, avaient au moins voulu les parquer chez eux afin de les empêcher de venir marauder dans la plaine. Ces vieilles murailles servent maintenant à abriter des magasins de vivres et des baraques pour un hôpital provisoire. On travaille à y installer un bureau télégraphique, et quelques compagnies sont désignées pour y rester en dépôt.

19 *mai*. — Notre dernière étape est faite ; nous sommes aux pieds des montagnes Kabyles, au bord du Sébaou, à quelques portées de fusil seulement de l'ennemi. Les trois divisions, campées sur un espace de plus d'une lieue, forment comme une mer de baïonnettes autour du pays ennemi ; le salut pour ses habitants n'est plus possible.

C'est en vain qu'on les voit glisser comme des couleuvres à travers les arbres, creuser des tranchées, transporter des armes, se faire des signaux d'un sommet à l'autre des roches es—carpées, et se donner autant de mouvement qu'un essaim d'abeilles dont on a renversé la ruche ; dès demain peut-être leur pays entier ne présentera plus qu'un incendie, à moins que leur intention ne soit, comme on le répète partout, de profiter de l'obscurité de la nuit qui se prépare pour tenter un coup de main.

VI

Afensou, 24 mai.

Il est neuf heures du soir, mon cher frère ;
pour la première fois de ma vie je viens d'assister à un combat, et avant que les émotions
de cette grande journée se soient effacées de ma
mémoire, je veux essayer de t'en tracer le tableau.

Ce matin, à trois heures et demie, avant
que le jour parût, un murmure confus sortait
du camp. Chaque tente s'agitait, chacun sortait
et regardait le ciel : la pluie qui tombait depuis cinq jours a cessé, les étoiles brillent : c'est

pour aujourd'hui. Pendant que chacun se répète tout bas cette parole, des officiers envoyés par le maréchal viennent avertir de se préparer en silence. Les trompettes se taisent, les feux restent éteints, les tentes s'enlèvent, les colonnes se forment, et à quatre heures l'armée était en marche.

La division Renaud a reçu l'ordre d'attaquer le pays des Ordjen et de gagner les hauteurs de Tackcep, de Djemma et de Tiguertala.

La division Yusuf est chargée des Akerma et doit occuper les villages d'Inguilguefri et de Taguemon.

Mais la mission la plus rude, celle d'escalader les crêtes escarpées de Beni-Raten et de s'établir dans le gros village d'Afensou, était réservée à la division Mac-Mahon qui est aussi la mienne.

Sans perdre de temps, comme trois reptiles gigantesques, à travers les arbres, à travers les foins, à travers les escarpements des rochers, les trois divisions se mettent en marche, rampent, gravissent au pas de course les premières ondulations du terrain, et montent, s'accrochant aux pierres, se cramponnant aux arbres malgré les terres qui s'éboulent, malgré les cailloux qui roulent sous leurs pas, jusqu'à ce qu'une horrible fusillade de l'ennemi les avertisse qu'ils sont découverts et qu'il est temps de se mettre en défense.

Alors de tous les points de la montagne on n'entendit plus que la voix de la poudre, on n'aperçut plus que des nuages de fumée. Le canon gronde, les trompettes sonnent, les femmes des ennemis, du fond des cavernes où elles se cachent, font entendre des *you! you!* lugubres, et bientôt l'incendie éclaire de ses lueurs sinistres la marche victorieuse des assaillants.

Soudain, au-dessus des fumées, sur les contreforts de la crête principale, les zouaves apparaissent entre les arbres et les broussailles : leurs baïonnettes scintillent au soleil, et à l'œil nu on distingue leurs uniformes rouges. Ils se pressent, ils avancent, ils arrivent, et au bruit retentissant des clairons, ils plantent leur vieux drapeau troué de balles sur cette terre jusqu'alors inconquise.

A ce signal l'énergie de toutes les troupes redouble s'il est possible, l'enthousiasme surmonte toutes les difficultés. L'artillerie disperse les rassemblements ennemis à mesure qu'ils se forment ; la ligne, les chasseurs à pied, la légion étrangère, nobles débris des vainqueurs de Sébastopol, poursuivent à travers les figuiers, derrière les arbres, au fond des ravins, l'ennemi qui disparaît et se renouvelle sans cesse. Pendant ce temps nos sapeurs tracent péniblement, sur le flanc des pitons, un sentier en zigzag que puissent suivre les ambulances et les convois, car les blessés sont nombreux sur les plateaux supérieurs, et impatiemment ils attendent les secours des médecins qui accompagnent la division.

Durant six heures ce ne fut qu'un bruit de fusillade, un concert de cris, une mer de flammes, un ciel de fumée. Sur les déclivités de la montagne, dans chaque ravin, dans les broussailles, derrière les haies, les rochers, sous les frênes, sous les oliviers, partout on aperçoit les Kabyles qui se glissent, un fusil à la main, cherchant à surprendre les vainqueurs dans quelque embûche, tandis que leurs femmes font fuir leurs troupeaux par des sentiers inaccessibles. De leur côté, les Français n'épargnent rien, ils mettent le feu aux meules de blé, pillent les maisons, renversent les provisions, chassent l'ennemi à l'affût comme une bête fauve, homme à homme, corps à corps, et ne reviennent qu'en portant au bout de leur baïonnette les trophées de leur victoire : qui une poule, qui un rayon de miel, qui un sac de douros, ou quelque vêtement précieux oublié dans la fuite.

Cependant dans le lointain les canons de la division Yusuf se font entendre. Elle aussi escalade des pentes difficiles sous le feu de l'ennemi. Elle enlève le marabout de Sidi-Klaoui. Sa première brigade, entourée de silence, monte lentement, flairant quelque surprise, et se voit tout-à-coup entourée par une fusillade meurtrière. D'autres se précipitent sur Inguilguefri, entourent les défenseurs qui se sont réfugiés dans cette petite place et les forcent à fuir. La deuxième brigade, qui a mission d'occuper Taguemon, monte à son tour ; mais, partie la dernière, elle ne rencontre pas un seul ennemi, et va, en maugréant d'un succès si facile, occuper le poste que la discipline lui fait un devoir de ne pas dépasser.

Un trait des zouaves de cette colonne mérite d'être cité. Au milieu du pillage, quelques-uns d'entre eux avaient défoncé la porte d'un moulin dont le propriétaire, croyant pouvoir compter sur l'isolement de sa demeure, s'y était enfermé avec sa femme et ses enfants. Quand il se vit surpris, ce malheureux perdit la tête. et sans tenir compte du nombre des assaillants, ne songeant qu'à vendre chèrement

sa vie, il tire son yatagan et en frappe un des
aggresseurs. Les zouaves ripostent par deux
coups de feu, et la cervelle du malheureux vole
en éclats sur sa femme et sur sa petite fille.
Mais aussitôt cette veangeance accomplie, ils
reviennent à des sentiments d'humanité. L'un
d'eux prend l'enfant dans ses bras, essuie le
sang qui la couvre et s'efforce d'apaiser sa
frayeur, un autre proclame qu'il faut l'adopter,
et son opinion n'a point de contradicteurs. Les
héros de cette paternité improvisée arrivent à
Inguilguefri en triomphe, montrant à tous leur
conquête qui sourit de peur. L'histoire aussitôt
se répand, le maréchal en est informé ; il fait
appeler les zouaves, leur adresse un conseil de
père, et pour prouver une fois de plus à l'ennemi que la France veut soumettre et non pas
détruire, toutes les femmes sont conduites aux
avant-postes, et la petite kabyle est rendue à sa
mère.

Dans le lointain, la division Renaud accom-
plissait aussi sa rude mission. Les pitons qu'elle
avait à enlever étaient généralement moins
hauts et moins peuplés que les nôtres, mais
l'étendue plus vaste et le nombre de ses hommes moins considérable. Dès sept heures du
matin, Djemma était emporté malgré une vive

résistance. Taranini se défendit moins bien
Mais pour s'emparer de Tiguertala il fallut de-
ployer de véritables forces. Enfin, après avoir
mis le feu à Djemma, Aïtag, Ibachiren et
Azouza, la division atteignit les hauteurs qui
lui avaient été assignées par le maréchal, et
sut y asseoir son camp.

Vers trois heures de l'après-midi toute la
besogne était terminée. On entendait bien encore çà et là, partant des troncs d'arbres ou
des creux de rochers, quelques coups de fusil
isolés, œuvre des défenseurs fanatiques ; mais
la plupart des Kabyles, après avoir vendu leur
terrain pied à pied, s'étaient vus forcés de cé-
der au nombre et étaient allés rejoindre, dans
les gorges de Souk-el-Arba, chez la tribu des
Oumalous, leurs femmes et leurs troupeaux
qu'ils avaient fait partir depuis plusieurs jours.

C'est ainsi que le sol occupé par la vaste
tribu des Beni-Raten, les plus renommés et les
plus fanatiques des ennemis de la France, fut
soumis en quelques heures par une armée que
rien ne put arrêter.

Nous étions campés au sommet des pitons,
nos drapeaux flottaient au loin. C'était le moment de compter ses morts et de constater les
pertes de la journée. La division Renaud avait

perdu trente-trois hommes, elle avait en outre cent-cinquante-neuf blessés, dont trois officiers. La division Yusuf, plus heureuse, n'avait que trois morts et trente-quatre blessés. Plus maltraités que tous les autres, à cause de l'importance de nos opérations et des difficultés que nous avions eu à vaincre, notre division Mac-Mahon avait perdu trente morts et recueilli deux cent vingt-cinq blessés.

Maintenant le sang a cessé de couler, l'ambulance est installée, nos médecins sont en train de réparer le mal causé par les balles ennemies ; et pendant que les fanfares résonnent sur les cîmes étonnées de toutes ces montagnes, qu'hier encore jamais le pied d'un européen n'avait foulées, tranquillement assis devant le feu du bivouac qui cuit notre souper, chacun raconte les péripéties du drame auquel il a assisté, la belle défense des Kabyles et les traits de courage de ceux qui ne sont plus.

VII

Souk-el-Arba, 14 juin.

J'ai maintenant le temps de t'écrire une longue lettre, mon bon frère. Depuis vingt jours
nous sommes au repos. Le retentissement de
notre première victoire a été si grand parmi
toutes les tribus Kabyles, que la plupart ont
renoncé à la défense, et tous les jours nous
voyons passer, se rendant à la tente du maréchal, les députés des villages, à pied, la tête
basse, guidant par la figure un cheval harnaché,
sans cavalier, symbole et gage de leur soumission.

J'ai laissé mon récit le soir du jour de notre

triomphe sur la terre des Beni—Raten. La nuit ne fut point tranquille. On dort mal le soir d'une victoire. A chaque instant, dans les avant-postes, la fusillade recommençait. Tantôt c'était un kabyle qui, se glissant dans les broussailles, arrivait jusqu'aux pieds des factionnaires, et profitant de la lumière d'une allumette dont l'imprudent voulait allumer sa pipe, lui brisait la tête et s'évanouissait dans l'ombre ; tantôt un maraudeur zouave, ou turco, tenté par l'appât des trésors qu'il croyait cachés dans les flammes, s'échappait du camp pour chercher la fortune, mais rarement il y rentrait ; à la faveur de la nuit, rôdant comme des chacals, les ennemis étaient aussi revenus piller leurs anciennes demeures et emportaient tout ce qui pouvait s'enlever, jusqu'aux portes enflammées.

L'aurore du lendemain se leva sur des tisons calcinés. C'est alors seulement qu'on put juger, sur toute l'étendue du terrain qu'occupaient les trois divisions, les immenses ravages produits en une seule journée.

Les Kabyles n'ont pas de maisons isolées comme les Européens, ni de tentes mobiles comme les Arabes ; ils habitent des villages qui sont presque toujours, comme je l'ai déjà dit, situés dans les lieux les plus inaccessibles, et

généralement fortifiés comme de petites places
de guerre. On n'y arrive par aucun chemin. Ces
montagnards, dont les champs sont dans la
plaine, ont la patience de monter à dos d'âne
toutes les provisions dans le repaire qui pro-
tége leur indépendance ; et, pour un âne, le
plus étroit sentier, au besoin même le lit du
ruisseau, est une route suffisante. On entre
dans le village par une seule porte, ordinairement couverte d'un bâtiment qui sert d'école.
Le porche est en même temps une sorte de café
ou de mairie où se réunissent les vieillards pour
discuter les intérêts publics et apprendre les
nouvelles. La plus grande irrégularité préside
à la distribution des maisons, et les façades
sont tournées de la façon la plus capricieuse,
sans égard pour les airs du temps. L'intérieur
de toutes ces cabanes se ressemble invariable-
ment. Chacune d'elles ne contient qu'une seule
pièce ; les murs sont crépis à la terre ; les
charpentes, en bois non équarri, sont plafon-
nées de roseaux et couvertes de tuiles courbes
semblables à celles qu'on fait en France. Il n'y
a pas de fenêtres, mais quelques étroites lucar-
nes, et une porte basse formée d'une seule
planche, ou plutôt d'un seul tronc d'arbre que
l'on a assuré de chaque côté, car l'art du scieur

de long est inconnu dans ces contrées. Une sorte de galerie intérieure occupe la moitié de l'appartement; le dessus sert de lit à la famille qui couche sur les peaux de moutons; le dessous est une petite écurie pour le menu bétail, les chèvres, les agneaux, l'âne. Quelquefois, mais chez les riches seulement, un mur de refend s'élève de terre jusqu'à la hauteur de la galerie, et alors l'étable a une entrée particulière sur le côté.

Il va sans dire que toutes les maisons où nous pénétrons sont dévastées, pillées, à moitié détruites, et tout ce que l'on pouvait soustraire du mobilier a été emporté. Cependant on trouve encore, dans les niches de la muraille destinées à cet effet, de grandes jarres de terre contenant des provisions, de l'huile, des pois, de la farine, des figues sèches. Le sol est jonché de débris de potences de lampes, de vaiselle de bois, de chaudrons de cuivre et de vieux vêtements qu'on n'a pas eu le temps d'emballer. On voit à chaque pas des traces qui rappellent qu'hier encore une famille était là installée avec ses habitudes, avec ses provisions, avec ses souvenirs de bonheur peut-être, qu'il a fallu quitter précipitamment pour fuir devant l'ennemi. Ici ce sont les joujoux d'un enfant, une poupée grossière, un petit moulin dans une noix ; là des raves épeluchées dans une marmite, prêtes à mettre cuire ; plus loin les petits outils à l'usage des femmes et les instruments de leur toilette : tout cela traîne, tombe, pend aux murailles ou est à moitié calciné par le feu. Dans un étui de fer blanc, sous une poutre, j'ai trouvé un passeport délivré à Alger par l'autorité franêaise et rédigé dans les deux langues. Le possesseur paraissait exercer la profession de débardeur dans le port. Sans doute, au bruit de la guerre, il était accouru pour protéger les siens, et peut-être avait-il payé de la vie son dévouement au sol natal.

En fouillant sous les decombres on trouve encore quelques animaux vivants, des ânes pelés, des chèvres étiques, des chats qui se sauvent en bondissant. Parfois apparaît un cadavre encore tiède, couvert de sang, son fusil à la main, son burnous autour du corps. Ce sont les restes d'un héros sans famille que personne n'aura songé à secourir après sa blessure, et qui aura voulu venir monrir sous son toit, dans la maison de son père. Ce spectacle fai naître les plus douloureuses pensées. Heureusement il se rencontre rarement. car les Kabyles ont profondément gravé au cœur le culte des blessés et même des morts. Quand ils ne peuvent pas les emporter ils les traînent après eux dans leur fuite. J'ai suivi dans l'herbe à la trace du sang laissé par un cadavre entraîné ainsi par sa femme peut-être, ou par un fils trop faible pour le charger sur ses épaules.

Un spectacle qui ne m'a pas moins ému est celui d'un des vainqueurs pleurant sur les ruines de la maison paternelle. Ce pauvre diable est un soldat du régiment des turcos. Pour je ne sais quelle raison il avait quitté son village et pris du service chez les Français. Quand le bataillon auquel il appartenait vint pour mettre le feu au village, il se jeta aux genoux de ses camarades, les priant d'épargner au moins la maison de son père. Mais la victoire est mauvaise conseillère, on ne l'écouta pas : sa maison vide fut incendiée comme les autres, et je l'ai vu pendant plus de cinq heures assis, les larmes aux yeux, sur une poutre encore fumante, contempler d'un œil consterné les débris de son pauvre héritage.

Pendant ce temps se passait dans une maison voisine une aventure d'un tout autre genre. Un deuxième turco, après avoir longtemps sondé le sol, avait découvert sous ses pieds une jarre colossale pleine d'huile, et l'heureux né-

grillon, jetant bas sa tenue, s'était livré au délicieux plaisir de se plonger tout entier dans le
liquide pour boire plus à son aise. Il était depuis une heure buvant et se frottant les membres, quand arrive un zouave qui prend les
habits du baigneur, fait mine de les emporter,
et ne consent à les rendre à son maître qu'après
lui avoir fait jurer de partager avec lui le profit
de la jarre d'huile qu'ils vont ensemble vendre
à un cantinier.

Ne vas pas croire cependant qu'une seule
journée de désastre ait suffi aux Kabyles pour
leur faire déposer les armes. Pendant qu'avec
quelques camarades je faisais les explorations
dont le récit précède, le gros de l'armée se battait encore, harcelé de toute part par de petites
fractions d'ennemis qui semblaient avoir pour
but unique d'abattre beaucoup de *roumis*. Sur
les flancs des trois camps on entendait de temps
en temps de vives fusillades, et l'incendie con-
tinuait ses ravages des maisons aux meules de
grains, des meules aux arbres. C'était pitié de
voir brûler ces beaux oliviers auxquels il avait

fallu cent ans pour croitre ; mais la guerre le veut ainsi.

Nous ne fîmes séjour à Afenzou que deux jours. Le 28, notre division reçut ordre de pénétrer plus avant. Chacun de nous céda avec plaisir la place aux corbeaux. Les fosses où l'on avait enseveli les morts des deux partis commençaient déjà, par la grande chaleur, à répandre une odeur insupportable. La ligne que nous devions suivre était celle qui conduit à un très gros village nommé Souk-el-Arba, et qui appartient aux Oumelous. C'est là que s'étaient réfugiés les restes du contingent des Beni-Raten avec leurs femmes et leurs troupeaux. Il ne doit pas y avoir beaucoup plus de six lieues de ce point à celui que nous quittions, et cependant il ne nous fallut pas moins de deux jours pour parcourir cette petite distance, tant les chemins sont impossibles et le pays profondément raviné. Pas un être vivant ne se montra à nous durant tout ce trajet. Les villages, pour la plupart endommagés par les flammes, étaient déserts. Les moissons vertes au milieu desquelles piétinaient hommes et chevaux semblaient ne plus avoir de propriétaires. Du reste, une végétation merveilleuse, des jardins frais comme au printemps, des sources d'eau vive à chaque pas, des sites plus capricieux que l'imagination d'un peintre, changeant d'aspect toutes les dix minutes, et partout une profusion de ces grands arbres qu'on admire tant en Afrique, parce que la plaine n'en offre que de rares échantillons.

Nous nous attendions à être retenus devant Souk-el-Arba, soit pour lui livrer assaut, soit pour en faire une sorte de siége. Contrairement à toutes nos prévisions, nous reçûmes ordre de passer outre sans tirer le fusil, et chaque division fut campée de manière à dominer ce centre de population, sans cependant gêner ses mouvements. Nous sûmes plus tard qu'il y avait eu dans la journée des pourparlers entre les chefs et le maréchal, et qu'on était en train de discuter les conditions de la soumission.

Un grand plateau, d'où la vue domine tout le pays, a été choisi pour le campement de la division Mac-Mahon. Ce lieu se nomme Aboulid. Chaque régiment occupe l'espace nécessaire pour s'y installer à l'aise, et suivant les règles de la castramétation. Je crois que la division Renaud a pris notre ancienne place à Afenzou, et que la division Yusuf s'est établie sur le côté gauche, de manière à former avec nous une sorte de triangle dans lequel Souk-el-Arba se trouve inscrit.

Il y avait longtemps que je n'avais dormi à l'aise et que je n'avais eu le loisir d'installer ma tente convenablement. Aussitôt que l'emplacement de mon escouade fut désigné, je me donnai le plaisir de construire un lit confortable et de l'adosser à une hutte de feuillage très ingénieusement disposée pour nous servir de cuisine et mettre à l'abri nos provisions. Comme on avait annoncé que nous ferions en ce lieu un séjour de plusieurs semaines, chacun se mit en devoir d'apporter à la communauté les ressources de son intelligence pour contribuer au bien-être général. Il en résulta proptement que nos tentes devinrent de véritables palais, et que la crête aride de la montagne fut transformée en un parc magnifique, semé de kiosques et de fontaines, au-dessus duquel les vieux arbres étendaient complaisamment leurs dômes de verdure. La cuisine de son côté fut améliorée. A la ration congrue des vivres de campagne succéda cette variété de plats, cette richesse de sauces et d'épices qui avaient inauguré nos premiers campements hors d'Alger. De délicieux *frichtis*, où chacun venait ensevelir le produit de ses excursions et le résultat de ses maraudes, commencèrent de nouveau à s'étaler sur nos couvercles de gamelles, et notre soupe fu^t accrue de délicieux légumes verts qui en rendaient le goût exquis et l'odeur friande.

C'est au milieu de ce luxe oriental, mollement étendu sur le dos complaisant d'*azor* (1), la pipe à la bouche, la tasse de café à la main que nous assistons presque tous les jours au défilé des vaincus qui traversent le camp pour venir implorer *notre* clémence et offrir leur soumission au maréchal.

L'exemple avait été donné par les Beni-Raten. Dès le lendemain du jour de leur grand échec, on les avait vus, sur le plateau de Souk-el-Arba, entrer en conférence avec les contingents des

(1) Nom familier que les soldats donnent à leur sac.

différentes autres tribus et les apitoyer sur leurs malheurs. Quatre mille opinants au moins assistaient à cette illustre assemblée ; mais comme il arrive partout où l'élément populaire agit seul, la division n'avait pas manque de se mettre dans leurs rangs. Ceux qui la veille avaient vu brûler leurs maisons, détruire leurs moissons et piller leurs vergers, ne manquaient pas de dire que la résistauce était inutile, que nous pouvions mettre dix hommes contre un, que nos soldats étaient aussi intrépides que les leurs, et que notre séjour prolongé dans leurs domaines mettait en danger et les beaux oliviers qui contribuent tant à leur richesse, et les troupeaux mal cachés que nous ne manquerions pas de découvrir, A ces paroles le parti de la guerre opposait les promesses formelles des marabouts qui ont annoncé notre défaite et notre fuite honteuse. D'ailleurs que diraient les tribus voisines, si après avoir fait parler la poudre un seul jour, on venait lâchement baiser les pieds du vainqueur et se rendre à sa merci. Ils ajoutaient que les *roumis* sont gens féroces, qui prendront leurs douros sans justice, qui emmèneront leurs enfants en esclavage et les forceront de renoncer au culte d'Allah.

Cependant les Beni-Raten ne sont point convaincus. Selon eux, une vieille prédiction annonce l'arrivée des chrétiens pour un grand jour de ramadan, et c'est le jour de la clôture de ce carême que nous sommes montés vers leurs villages. Allah le veut. Quelques messagers parlementaires s'avancent pour sonder le terrain. Ils trouvent le maréchal d'un abord facile, ils l'entendent manifester le désir de la paix et demander des conditions qui ne sont pas trop onéreuses. Satisfaits, ils retournent au milieu des leurs, les pressent, les sollicitent, les entraînent; les Beni-Raten vont donner les premiers l'exemple de la soumission aux Français.

Le lendemain, vers quatre heures, leurs principaux citoyens, au nombre de quarante ou cinquante, se dirigent à travers le camp vers la tente du général. Jusque sous le sentiment de leur impuissance ils gardent une attitude digne et majestueuse. « Drapés dans leurs longs burnous à capuchons, qui les enveloppent comme des cagoules de moines, la barbe entière, la tête nue et rasée, le teint bruni par le soleil, ils marchent à pas assurés et calmes. »

Le maréchal est dans sa tente, entouré des officiers du bureau arabe et d'un imposant état-major. Les députés s'avancent sans saluer, s'asseyant à terre, et commencent à discuter les conditions qu'un interprète recueille et traduit à mesure.

— Voici les conditions que je vous impose, dit le maréchal : si elles ne vous conviennent pas, vous retournerez à vos villages, vous reprendrez vos armes, et la guerre decidera. Je veux que vous reconnaissiez l'autorité de la France. Il sera libre aux Français de faire des routes et de bâtir des citadelles dans votre pays; vous paierez, comme indemnité de guerre, cent cinquante francs par fusil; vous livrerez les ôtages que je choisirai. A ces conditions vous pourrez rentrer dans vos villages, et vos arbres seront respectés comme vos familless.

Ces paroles étaient dites d'une voix ferme, avec l'autorité de la victoire. Les Beni-Raten, après quelques instants d'hésitation, finirent par accepter, et se retirèrent en laissant le cheval sellé et bridé, symbole d'obéissance.

La soumission de cette puissante et valeureuse tribu retentit péniblement dans la Kabylie supérieure; mais elle fut imitée par toutes celles qui, voisines immédiates de nos campements, devaient avoir les premières à souffrir de la reprise des hostilités. C'est ainsi que les Beni—Fraoucen, les Beni-Bouchaïb, les Beni-Kellite, les Beni-Roubri, les Beni—Douella, les Beni—Setka, les Beni-Mahmoud s'empressèrent d'envoyer des députations pour demander l'*aman*, c'est-à-dire le pardon, et se soumettre aux mêmes conditions que leurs voisins.

A les voir défiler par centaines nous croyions déjà toute la Kabylie pacifiée, lorsque nous apprîmes que, dans les chaînes supérieures du Djurjura, les Beni-Menguillet, les Beni—Yeni, les Beni—Aya, les Beni—Bauyoucef, rejetant l'exemple funeste des Raten, étaient décidés à se défendre jusqu'à la mort.

Mais avant de voler à de nouveaux triomphes, le maréchal rêvait de mettre à exécution un grand projet qui devait avoir pour résultat de prémunir l'autorité française contre **la** versatilité du caractère Kabyle, et paralyser toute tentative de révolte. C'était d'ouvrir une route d'Alger à Souk–el–Arba, et de bâtir, sur cet emplacement même où nous étions, une forteresse, ou plutôt une ville entière, qui prendrait le nom de fort Napoléon.

L'occupation permanente est en effet le seul moyen de soumettre définitivement la Kabylie. Son sol montueux, haché, inextricable, qui permet à quelques hommes déterminés de lutter contre une armée entière, en ferait sans cela indéfiniment un refuge aux mécontents de tous pays et un foyer continuel de rébellion.

Le 2 juin on commença la route. Elle devait avoir six pieds de large et descendre neuf cents mètres par une pente assez douce pour passer des voitures et des pièces d'artillerie. Depuis cinq longs jours et cinq grandes nuits les officiers du génie ne s'étaient pas couchés. Toute la journée on les rencontrait par les sentiers, sur ces crêtes qu'il fallait joindre l'une à l'autre, ou au fond de ces ravins qu'il fallait tourner.

La nuit, penchés sur leurs plans, on les voyait
dessiner au fond de leurs tentes, sur leurs genoux, la pipe à la bouche et le sourire aux lèvres,
comme si cet âpre travail n'eût été qu'un passe-
temps pour eux. Enfin les plans furent tracés ;
vingt-cinq mille outils et deux cents jeux de
pétardement furent mis à la disposition de la
troupe, et immédiatement les travaux commencèrent.

Dès le premier jour il fut facile aux curieux
de se rendre compte de la ligne que la route
devait suivre : on attaqua les travaux à la fois
sur toute la longueur. Dix mille hommes prenaient le chantier le matin, l'occupaient tout le
jour, et le quittaient le soir pour faire place à
dix mille nouveaux travailleurs. Chaque corps,
chaque compagnie dut apporter son contingent.
Les soldats du génie, arme d'élite, graves sous
leur uniforme sombre, l'infanterie avec son dévouement silencieux comme le devoir, les chasseurs et les zouaves, ces enfants gâtés de la re-
nommée, la légion étrangère, cette singulière
assemblée de tant d'ouvriers de toutes sortes ;
fiers d'avoir déjà à eux seuls bâti une ville

(Sidi-bel-Abbed), qui ne le cède sous aucun rapport aux plus gracieuses petites cités de France , tous travaillaient avec courage , avec enthousiasme , en riant, la pipe à la bouche, comme s'il se fût agi d'un amusement. Ah ! mon frère, quand on y pense, que de travaux immenses et merveilleux d'agriculture et d'industrie pourraient accomplir les régiments si l'on voulait occuper ainsi leurs bras dans l'intérieur de la mère patrie !

Grâce au travail discipliné, l'entreprise avança à pas de géant. Dès le huitième jour on voyait les mamelons s'abaisser, les déblais combler les ravins , les rochers sauter sous la mine, les arbres tomber sur le côté du chemin et mis en résreve pour les charpentiers du fort. Ce travail régulier, sans excès, distrait et fortifie. Nous n'avions jamais été si joyeux, nous ne nous sommes jamais mieux portés.

Durant les heures du repas on voyait les soldats courir autour des cantines, dormir ou jouer aux lotos, à l'abri des frênes et des figuiers. Les appels des numéros, avec les sobriquets pittoresques que chacun porte, faisaient rire à pleine gorge. Les soldats facétieux ont quelquefois des mots charmants que plus d'un homme d'esprit pourrait leur envier. On perd, on se lamente, on gagne, on paie à tous une tournée de coco ou d'absinthe chez la cantinière, car le travailleur est riche : ses appointements sont augmentés des dixièmes ; il touche quarante-cinq centimes par jour.

Les officiers venaient fumer leur pipe autour de nous et rire en nous voyant si joyeux. C'était surtout le soir que nous étions certains de les retrouver autour du théâtre de Guignol, monté par un zouave, ancien artiste de je ne sais quel théâtre. Cette réunion était comme une revue satirique de la journée, où le sergent Pandore, le kabyle Couscousse n'épargnaient personne, ni grands ni petits, et semaient les bons mots à poignées.

La route fut achevée comme par enchantement, en vingt jours. Elle avait vingt lieues de longueur et pouvait laisser passer trois voitures de front.

On songea alors à tracer les lignes du fort et

en poser les premières pierres. Hier seulement, le large fossé de ceinture a été terminé. Aujourd'hui 14, jour anniversaire de la prise d'Alger par les Français, la première pierre du nouveau *bordj* a été placée en grande pompe. On avait fait venir pour la circonstance des canons de siége par la nouvelle route. Le maréchal es[t] aussi arrivé hier soir dans sa chaise. Une voiture sur ces montagnes! où il y a un mois les hommes à pied pouvaient à peine monter sans courir risque à chaque instant de rouler dans le[s] précipices! Tous les régiments, toutes les musiques, tous les états-majors assistaient à la cérémonie. Après la messe célébrée en plein air, sur un autel de tambours, on se rendit processionnellement à l'endroit désigné pour la pose de la première pierre. Dans un discours simple et touchant, l'abbé Suchet, aumônier en chef de l'armée, rendit grâces à Dieu et à la valeur française qui ont fait monter la croix de Jésus-Christ sur ces montagnes infidèles. On jeta dans le mortier les pièces de monnaie destinées à être enterrées, selon l'usage, dans les fondements de la forteresse. On se sépara aux

cris de *vive l'Empereur !* on distribua à la troupe double ration de vin et d'eau-de-vie, et c'est
à demi-ivre de joie que je t'écris, au courant
de la plume, le journal de nos victoires et con-
quêtes.

VIII

Ischeriden, 27 juin.

On a bien raison de dire, mon pauvre Claude, que les jours se suivent et ne se ressemblent pas ; il en est de même des lettres. Ma dernière était close par le récit de nos fêtes triomphales de Souk-el-Arba ; celle-ci va commencer. comme le bulletin de la bataille de Waterloo, par le récit des pertes que nous venons d'essuyer. Nous avons été vainqueurs cependant ; mais avec deux ou trois victoires pareilles ce seraient des *De profundis* plutôt que des *Te Deum* qu'il faudrait chanter.

Peu de jours après la fondation du bordj et la mise en circulation de la *grande route de Paris au Djurjura,* comme avait écrit un plaisant sur un poteau, notre division reçut ordre de reprendre les armes et d'aller attaquer les Beni-Menguillet. Cette tribu était la plus pauvre de toutes, et son sol tellement tourmenté que toute culture y était impossible, ne donnant à ses habitants que des figues et des olives. Cette attaque, prévue depuis longtemps, ne nous préoccupait aucunement. Nous nous étions accoutumés à cette idée que toute résistance devenant désormais inutile, elle était par là même impossible, et depuis près d'un mois nous regardions chaque soir leurs feux vigilants et provocateurs éclairer la montagne en face de nous, sans que cette vue fît naître dans nos cœurs d'autre sentiment que celui qui s'attache au courage malheureux.

Deux lieues tout au plus séparaient notre camp de la montagne d'Ischeriden, où les Beni-

Menguillet s'étaient retranchés. Le chemin que nous avions à suivre, sans être beau, pouvait se frayer facilement à travers les blés mûrs et les sainfoins, à l'ombre d'oliviers gros comme le corps, et de figuiers qui déjà nous laissaient arracher en passant quelques fruits mangeables. La journée s'annonçait belle et radieuse, les allouettes matinales gazouillaient au-dessus de nos têtes, les cigognes blanches, au vol pacifique, sillonnaient l'azur des cieux; la brise, imprégnée des rosées de la nuit, passait par souffles attiédis; les rayons du soleil levant doraient les cîmes du Djurjura et les koubbas des mosquées; la nature entière semblait se réveiller en souriant. Hélas! pour combien de nous cette journée, commencée sous de si beaux auspices, devait être la dernière.

Vers cinq heures du matin, la division, massée au pied de la montagne, n'attendait plus que le signal de l'attaque; l'artillerie avait pris place, l'ambulance, suivie de ses cacolets (1),

(1) On donne le nom de cacolets à des appareils de fer qui peuven, se plier en fauteuil ou en lit, et à l'aide desquels on peut iustaller deux blessés sur un mulet de bât.

marchait en bon ordre. La montagne à escalader s'élevait devant nous, à huit ou neuf cents mètres. Mais pas un burnous, mais pas une voix, pas un coup de fusil n'annonçait la présence de l'homme. Sur le sommet, les maisons entassées du village montraient leurs toits rouges dans la verdure des arbres. A quelque cent mètres plus bas, à mi–côte, on voyait une sorte de fossé formant sur la montagne une ceinture sinueuse et saillante d'où s'échappaient en zigzag quelques barricades de planches ou de vieux meubles, avec des précipices naturels à droite et à gauche ; mais, au silence morne, à l'immobilité complète, on aurait pu croire ces ouvrages abandonnés.

Cependant tout est prêt. Le général Mac-Mahon donne l'ordre d'ouvrir le feu. Une fusée part comme signal, et aussitôt toute l'artillerie tonne. Chose étrange ! C'est en vain que les obus vont pleuvoir sur les ouvrages ennemis et labourer la terre en éclatant ; en vain que leur fumée enveloppe la montagne, que le bruit des détonations retentit au loin dans la vallée : personne ne bouge, pas un cri ne répond à nos provocations , pas un cavalier ennemi ne paraît.

On se regarde en riant, on se reproche déjà d'avoir brûlé inutilement tant de poudre, et le général Bourbaki , un des héros des guerres d'Afrique, reçoit ordre d'enlever la position par la route, en gravissant en droite ligne le versant escarpé du piton.

Mais à peine les soldats ont-ils atteint la ligne oblique des retranchements, qu'un long hurlement, rauque, sinistre comme la voix de l'hyène, s'élève des barricades , et en même temps un feu nourri, rouge, bruyant, les frappe au cœur et les verse à terre. Ce fut comme un coup de foudre. Derrière eux, les soldats du second rang, frappés de stupeur, hésitent un instant ; mais à la voix de leurs officiers, l'esprit leur revient, ils s'élancent, ils se précipitent ; c'est en vain : officiers et soldats tombent raides sur les corps palpitants de leurs camarades. Les zouaves, plus habitués aux ruses de

de la guerre, arrivent par derrière et s'empressent de porter secours à leurs amis de la ligne
Ensemble ils fondent de nouveau sur ces fossé:
d'où l'ennemi les mitraille. Les Kabyles les
attendent de pied ferme et les forcent à recu-
ler ; quelques tirailleurs sortent isolés des ba-
taillons, et , courbés à fleurs de terre, ils
essaient de se fortifier entre les buissons ; tous
ceux qui s'avancent ainsi tombent au bout de
quelques pas, et le feu roule toujours sans trève ni merci.

C'est alors qu'on vit un spectacle à jamais mé-
morable. Le colonel de Chabrière, depuis mort
général en Italie, qui avait été chargé d'assister,
l'arme au poing, au défilé des convois, apercevant le danger que courent les nôtres et la
mort certaine qui les attend, se tourne vers ses
vieux légionnaires : — A moi, les vieux de la
légion étrangère ! s'écrie-t-il. Et à la tête de
cette troupe de reîtres allemands et espagnols,
qui tous ont fait la campagne de Crimée, il se
met en devoir de tourner la position des ennemis. Les soldats jettent leurs sacs, prennent

leur rang, et marchent en colonne serree sur les pas de leur chef. A ce mouvement subit, les défenseurs des barricades comprennent le danger. Ils s'empressent de faire feu sur la légion; mais la légion continue sa marche comme si les balles ne pouvaient mordre sur elle. Elle monte impassible , arrive sur le flanc des retranchements, et commence une fusillade si vive que les Kabyles perdent contenance à leur tour. Ce moment a suffi aux zouaves pour gagner du terrain. Ils arrivent aux barricades, les escaladent, et de concert avec ceux qui viennent de les arracher à une mort certaine, attaquent les Beni-Menguillet à la baïonnette en les forçant à fuir vers les précipices où ils se jettent sans calculer la hauteur. En moins d'une heure le flanc de la montagne fut entièrement balayé : mais plus de huit cents hommes avaient payé ce succès de leur sang.

Ma compagnie était chargée seulement de garder les bagages ; j'avais assisté de loin à cette première partie de l'action : mais notre tour vint bientôt de prendre part au danger. Un

petit monticule qui s'élevait à une centaine de
mètres à droite du champ de bataille avait paru
aux officiers d'état-major le terrain le plus pro-
pice pour rassembler les blessés, en attendant
que les mulets d'ambulance, encombrés de besogne, pussent suffire à les enlever. Ce poste
de confiance fut donné à mon bataillon, et notre commandant reçut ordre de ranger ses hommes en cercle autour du couronnement, le fusil
chargé et la baïonnette au bout du canon. Bien
lui prit de faire exécuter à la lettre cette pres-
cription, car pendant que le gros de l'armée
gravissait lentement le versant de la montagne,
et s'occupait dans les maisons désertes du village d'installer sûrement le camp pour la nuit,
les Kabyles qui avaient été précipités dans les
fondrières, où il était impossible de les poursui-
vre, s'étaient ralliés peu à peu, et choisissant
le moment où l'attention était portée d'un autre côté, ils vinrent faire irruption sur nous
afin de nous enlever les blessés.

Dans toutes les armées du monde, l'événement le plus malheureux est de laisser tomber

aux mains des ennemis les corps de ceux qui
ont versé leur sang. Je dois dire à la louange
de mes jeunes camarades qu'aucun d'eux n'ou-
blia ce grand précepte du code de l'honneur.
Nous étions tous résolus à mourir plutôt que de
laisser envahir le dépôt qui nous était confié.
Nous nous battîmes comme des lions.

Au milieu du cercle, entre les blessés, un
jeune médecin militaire, seul pour tant de souf-
frances à apaiser, étanchait le sang, arrachait
les projectiles, posait les appareils comme s'il
eût été au milieu d'une salle d'hôpital, et sans
prendre garde aux balles qui sifflaient inces-
samment sur sa tête. Tant que je vivrai, je me
rappellerai cette scène d'obscur dévouement et
de calme héroïsme. Pendant que j'écris, il me
semble le voir encore à genoux, le cou penché,
la main ferme, consolant d'une voix douce ceux
dont il augmentait momentanément la souffrance
en enlevant les causes du danger et en les dis-
posant pour la route. Chacun recevait un mot
d'espérance, une parole d'affectueuse louange.
Parmi les plus gravement atteints, on apporta

devant lui un capitaine à peine âgé de trente ans, fils d'une des gloires de l'armée et mortellement percé de trois balles qui lui traversaient la poitrine. Les soldats avaient déjà enlevé les habits et déchiré la chemise teinte de sang (1). Comme il se penchait sur sa poitrine pâlie pour ausculter si le cœur battait encore, le docteur aperçut un petit médaillon qui enfermait un portrait de femme et des cheveux, souvenir de sa mère, sans doute. Le malade, sans rouvrir les yeux, cherchait cet objet d'une main défaillante. Quand il l'eut saisi, il le porta à ses lèvres et expira sans avoir prononcé une parole. Alors le docteur se retourna pour faire signe aux infirmiers que tout était fini; mais ses yeux à lui aussi étaient pleins de larmes. Ce souvenir d'un moment au milieu des angoisses de l'agonie avaient transpercé ce cœur si habitué au spectacle du sang et de la mort.

Cependant les heures s'écoulaient; la colonne lentement montait vers le village pour y ins-

(1) Cet officier est le capitaine Duvivier. Son corps repose dans le cimetière français de Souk-el-Arba.

taller le camp. De temps à autre les cacolets revenaient conduits par les intrépides soldats du train, se chargeaient de blessés, et entre deux haies de fantassins suivaient lentement le sentier que le génie traçait exprès pour eux. Mais cela n'avançait guère, et autour de nous les débris ralliés des défenseurs d'Ischeriden ne cessaient de faire feu. A côté des blessés que nous gardions, on voyait tout-à-coup un camarade laisser glisser son arme, pâlir et tomber couvert de sang. Le docteur alors accourait, et pour chaque nouvelle blessure un nouveau zèle et un nouveau dévouement trouvaient place dans son cœur.

Enfin le dernier convoi de malades fut enlevé, et nous pûmes, à reculons, sans cesser de faire feu sur les Kabyles, rejoindre sur la hauteur le reste de la division.

La journée était finie, la victoire certaine ; cependant on voyait le deuil sur tous les visages. Dans chaque groupe on racontait les beaux traits de la journée ; mais ce n'était pas avec enthousiasme comme à Afenzou, car il y avait des pensées de mort dans chaque souvenir. D'un commun accord il fut proclamé que tout l'honneur de la victoire revenait à la légion étrangère. Son mouvement, exécuté au plus fort de l'action, avec un sang-froid héroïque, avait décidé du sort de la colonne entière. Plusieurs de ses officiers s'étaient distingués avec une audace digne des anciens jours de la chevalerie. Un capitaine s'était précipité dans la fosse d'un arbre déraciné, où trois ou quatre kabyles le tenaient en joue, et avait lutté seul contre eux tous jusqu'à ce que ses sous-officiers vinssent le dégager; et comme après la victoire le général le félicitait : — Oh ! mon général, répondit-il, il n'y avait pas de danger, nos soldats étaient derrière moi. » Noble parole qui peint d'un seul trait cette légion d'hommes dévoués sans limite au drapeau qu'ils ont choisi, au chef qui les guide, à la foi jurée. Toujours au premier rang du travail ou du combat, et cependant toujours au dernier rang des pompes triomphales, étrangers au pays qu'ils servent, étrangers les uns aux autres sans passé comme sans lendemain, bien souvent sans nom, pauvres émigrants qui vendent leur sang parce qu'il faut manger ici-bas, mais qui le versent sans le marchander et sans l'épargner jamais. Un commandant du 54ᵉ mourut également en laissant un souvenir vénéré dans la mémoire de ses soldats. Blessé au plus fort de l'attaque, il n'en continua pas moins à marcher en tête de sa troupe, jusqu'à ce qu'il tomba d'épuisement et fut pris par les Kabyles. Pour ressaisir les restes de leur chef, les soldats alors se précipitèrent sur les retranchements, et une véritable boucherie s'en suivit qui ne prit fin que lorsque les ennemis eurent lâché leur proie.

Comme nous achevions de monter l'échelle rapide de la montagne, un cri aigu retentit tout-à-coup dans le feuillage à quelques pas de nous. C'était un zouave qui, ayant voulu s'écarter un peu des rangs, avait vu tout-à-coup un burnous blanc sortir du creux d'un arbre, et un Arabe se précipiter sur lui avec un énorme *flissas* dont il lui avait profondément entaillé le cou à plusieurs places. Nous accourûmes assez tôt pour saisir le coupable qui fut immédiatement passé par les armes, mais pas assez à temps pour sauver la vie de notre camarade. Avant d'arriver à l'ambulance il expira dans nos bras.

Le soir de sa sépulture me donna occasion de pénétrer jusque dans cette partie réservée du camp où étaient réunis les blessés de la journée. Quel lugubre et navrant spectacle ! Sous de grandes tentes dressées à la hâte et jonchées de paille, toutes les malheureuses victimes de ce jour néfaste, au nombre de plus de deux cents, attendaient, dans leur couverture de laine, le regard triste et l'œil morne, que leur tour vînt de se faire panser. Dix chirurgiens, le fer à la main, travaillaient depuis midi à cette boucherie humaine. On entendait les cris des opérés se mêler au râle des mourants. Partout des plaies, partout du sang, partout des membres livides et des fronts pâlis. De temps en temps un infirmier passait avec quelques cordiaux et les distribuait à la ronde;

m is combien ces soins de l'homme, si dévoués soient-ils, sont loin d'égaler les douces
prévenances d'une femme auprès du lit des
malades.

J'ai retrouvé, au milieu des plus dangereu-
sement blessés, le jeune docteur dont j'ai parlé.
Son zèle ne s'était pas refroidi, mais il était
exténué. Le malheureux n'avait rien pris depuis
la veille, et il était cinq heures du soir. Je le vis
déjeûner, sans quitter le bistouri, de quelques
figues sèches que son chasseur avait ramassées
dans une maison déserte.

J'étais moi-même épuisé de fatigue, et j'aurais eu grand besoin de repos; mais il n'y fallait pas songer. L'ennemi était encore trop près
et trop exalté pour qu'il fût possible de poser
un instant son fusil. Tout ce qu'il y avait d'hommes valides fut rangé par postes autour du
camp, afin de protéger l'ambulance, les chevaux et les vivres qui nous suivaient toujours
et campaient chaque soir à nos côtés. Ma compagnie fut désignée pour être de grande garde

à l'une des extrémités du camp, proche de l'une des fondrières dont j'ai parlé, où s'étaient abrités les Kabyles, et dont la disposition était telle que vingt mètres à peine nous séparaient de l'ennemi. Il est vrai qu'entre ces vingt mètres s'ouvrait un abîme.

Nous étions si près des grandes gardes Kabyles, que tout ce qui se disait à demi-voix s'entendait d'un poste à l'autre. Il s'élevait même de temps en temps entre nos camarades et ceux des Menguillet qui savaient baragouiner quelques mots de français, des dialogues dans le genre de celui-ci : — Eh bien ! Couscousse, tu dois avoir faim ; montre donc la tête que je t'envoie des vivres remboursables. — Si toi vouloir allimer ta pipe , répondait l'Arabe, toi n'avoir qu'à parler pour avoir du feu de mon *moukalas*. — Lâche ! criait le Français. — *Kelb !* reprenait l'Arabe ; et deux coups de fusil partaient dans la direction de la voix ; mais le plus souvent ils n'atteignaient que des troncs d'arbres.

Vers onze heures du soir, il commença a tomber une pluie fine qui fut bientôt accompagnée de ténèbres telles, qu'il devint complétement impossible de distinguer les objets à deux pas de soi. Le temps s'était refroidi, nous grelotions dans nos capotes sans qu'il fût possible de faire un mouvement ou même d'allumer sa pipe, de peur que le feu ne servît de cible à l'ennemi. Tout-à-coup, dans le silence, un cri étranglé, sans pareil, retentit dans le camp : Aux armes ! aux armes ! Ce fut comme les trompettes du jugement. Ah ! mon ami, un combat au grand jour n'est pas un beau spectacle, quoi qu'en disent les peintres qui n'en ont jamais vu ; mais une surprise de nuit, dans un camp, ne peut être comparée à rien, pas même au sinistre spectacle d'un incendie. En une seconde tout le monde est debout. Chacun court, chacun crie, chacun saisit ses armes et fait feu au hasard. La voix des chefs est impuissante à rétablir l'ordre. Dans chaque ombre qui passe, c'est un ennemi que l'on croit voir, et c'est souvent un camarade que l'on tue. A chaque instant des hommes demi-nus traversent en répétant le cri d'alarme ; d'autres brandissant des torches, s'enfuient on ne sait où ; les chevaux détachés galopent au milieu des hommes et blessent ceux qu'ils atteignent en redoublant l'effroi des autres ; enfin, comme des araignées sur terre, on voit ramper jusqu'aux pauvres blessés amputés du jour, qu'un instinct irréfléchi pousse à quitter l'ambulance pour chercher asile au milieu de leurs régiments.

Tout cela heureusement n'était qu'une fausse alarme. Les Kabyles n'avaient attaqué les grandes gardes qu'en un point, et avaient été repoussés. Un petit nombre de ces derniers, qui étaient parvenus à se glisser dans le parc des chevaux, furent trouvés le lendemain percés de coups et défigurés. Mais plus de vingt soldats français avaient été dans la précipitation embrochés par leurs camarades et blessés mortellement. Un capitaine même fut tué sur le seuil de sa tente, au moment où n'ayant encore que son pantalon et sa chemise, il mettait la tête à la portière pour se rendre compte du bruit. Une balle, tirée peut-être par son meilleur ami, lui avait traversé la tête.

Toute la journée d'hier a été occupée à réparer les désastres de cette terrible nuit et du jour précédent. Nous commençons maintenant à nous reconnaître. La fusillade cesse peu à peu, la besogne des chirurgiens diminue, le campement s'installe d'une manière régulière. Quelques jours de repos auront rendu au soldat sa gaîté et son insouciance, comme une heure de soleil suffit au printemps pour dissiper les traces de l'orage.

IX

Aguemounizer, 4 juillet.

Nous n'avons pas eu beaucoup de repos. Dès le 30, il a fallu plier sa tente et remettre le sac au dos. Du reste, notre camp d'Ischeriden était fort mauvais : le *sirocco* nous empêchait de dormir et de respirer, et pour la première fois, depuis notre arrivée en Kabylie, l'eau nous manquait.

Aguemounizer, bâti comme Ischeriden au sommet d'une montagne, était le point qu'il s'agissait de conquérir. Ce village n'était éloigné de

nous que d'une lieue à peu près, et depuis deux
jours nous pouvions chaque après-midi voir
sous les figuiers deux ou trois mille Arabes qui
délibéraient. Cette fois nous n'avons eu qu'à
nous présenter. Les turcos, qui jusque-là n'a-
vaient trouvé aucune occasion de se signaler
particulièrement, avaient fini par obtenir du
général l'autorisation d'attaquer ce piton à eux
seuls. La résistance qu'on leur fit ne dura que
trois heures. Nous étions partis de notre camp
vers midi, au moment où ils commençaient
l'attaque, afin d'être prêts à les soutenir en cas
de besoin. Nous arrivâmes au moment où ils
mettaient le feu aux dernières maisons. Ce petit
triomphe les avait tout-à-fait exaltés. « Le fusil
dans une main, le feu dans l'autre, chaque
turco va bondissant de chambre en chambre,
frappant tout à coups de crosse, activant les
feux. A travers ses bonds il pousse des cris
gutturaux qui n'ont plus rien de l'homme. Ses
lèvres fortes, ses dents blanches s'ouvrent à des
rires féroces. La sueur du plaisir passionné fait
luire sa face noirâtre. Ses yeux sont brillants.
On dirait qu'il se retrouve dans la destruction

et l'incendie comme dans ses éléments favoris. Ses aïeux, peut-être les Vandales de Genséric, devaient avoir au sac de Rome ces enivrements, ces rires féroces et cette fureur joyeuse. »

Nous apprîmes, en arrivant à ce nouveau camp, les succès que les divisions Renaud et Yusuf combinées venaient de remporter sur les Beni-Yeni, voisins des Menguillet. On avait choisi pour cette attaque le lendemain même de notre désastreuse affaire d'Ischeriden. Rendus prudents par nos malheurs, ils avaient accompli cette difficile entreprise sans avoir plus de quatre ou cinq morts à déplorer. Les grands villages de cette riche et puissante tribu, célèbre dans toute l'Afrique par ses fusils, ses *flissas,* et la fausse monnaie qui s'y fabrique de temps immémorial, s'étaient successivement rendus, livrant aux soldats l'enivrant plaisir du pillage.

L'envahissement des villages Menguillet et Yeni a eu sur les tribus du rocher la même influence que le succès d'Afenzou sur les alliés des Beni-Raten. Successivement les Beni-Yeni, les Beni-Ouassif, les Beni-Boudrard, les Beni-Menguillet, les Beni-Ataf, les Beni-Akbil, les Beni-Bayoucef, les Beni-Zaoua, les Beni-Yaia, viennent implorer la clémence du maréchal et recevoir ses conditions.

Le camp ne désemplit pas d'étrangers. A la suite des députés des villages se montrent les trafiquants de la contrée, qui, du matin au soir, parcourent les allées, chargés de légumes, de poules, de moutons, de neige glacée, d'armes, de bijoux, de vêtements, cherchant à rattraper sur les vainqueurs ce qui leur semble trop exorbitant dans l'impôt. Les fusils et les flissas kabyles trouvent parmi nos officiers beancoup d'amateurs qui les achètent pour en former des trophées d'armes. La poterie du pays, en terre rouge, à dessins noirs, dont la forme rappelle grossièrement les vases étrusques, se vendent également bien. Les burnous trouvent moins d'amateurs, le tissu en est moins soigné et la laine moins fine que ceux qui se fabriquent dans la plaine.

Les Kabyles causent volontiers avec nous. Ils

s'asseyent à la porte des tentes, sur leurs talons, comme sur un siége, répondent à toutes les questions, regardent curieusement ce qu'on leur montre, et acceptent très bien notre café, après quoi ils partent comme ils sont venus, sans salut et sans aucune de ces formules que les hommes civilisés ont coutume d'échanger en se séparant.

Quand vient la nuit, ceux qui ont besoin de renouveler leurs provisions retournent dans les villages, les autres se couchent autour du feu, mangent nos restes, et s'enveloppent pour la nuit dans leurs burnous, au milieu de ceux qu'ils combattaient la veille, fidèles à leur parole et confiants dans la nôtre.

C'est à Aguemounizer que j'ai reçu la lettre par laquelle tu m'annonces que ton mariage avec Marguerite a été béni par M. le curé. Je suis bien aise, mon pauvre ami, que tes vœux soient enfin couronnés. Marguerite et toi serez certainement heureux ensemble : vous avez l'un et l'autre des goûts simples, l'amour de l'ordre et le goût du travail. Ma mère aura dû être bien heureuse. Sa maisonnette ne sera plus si vide. Tu ne me dis pas si tu as fait faire les réparations que je t'avais indiquées, ni dans quelle pièce tu fais l'école : donne-moi tous ces détails je m'y intéresse infiniment.

N'est-ce pas que c'est agréable d'avoir autour de soi une trentaine de petites têtes joyeuses et turbulentes qui se recueillent pour vous écouter et ne demandent qu'à apprendre les choses qu'il te plaira de mettre à la portée de leur intelligence? Quelle noble mission que celle de former ces jeunes cœurs, d'éclairer ces esprits, et de pétrir cette pâte tendre du caractère de ma mère, à en faire de bons citoyens pour la patrie et de pieux serviteurs pour le bon Dieu.

Quand on compare les enfants de nos villages à ceux de ce pays-ci, on ne peut s'empêcher de remercier la Providence de nous avoir fait naître dans un pays chrétien et civilisé. Les enfants arabes croissent comme les plantes sauvages ou comme les petits des animaux, sans bien-être, sans caresses, sans que personne se préoccupe de former leur cœur ou de développer leur esprit. Petits, ils sont attachés comme un sac de soldat sur le dos de leur mère, ou abandonnés dans un coin de la tente ou de la maison, sans que leurs cris puissent éveiller la moindre pitié. Plus grands, ils errent tout nus, ou à peine couverts de lambeaux d'étoffes usées, pêle-mêle avec les chiens et les jeunes moutons, mangeant quand ils peuvent, battus à tout propos, malades sans que leur mère même se dérange pour leur porter secours. Aussi le nombre des décès est effrayant quand on le compare à celui des naissances.

Leur éducation est bornée, et encore à quel prix la reçoivent-ils ! La petite école, tenue par un vieux *taleb*, est généralement reléguée dans quelque coin de la mosquée ou dans une grange exposée à tous les vents, sans feu l'hiver, sans livres, sans papier. Une ardoise et un crayon forment tout le bagage scientifique des classes. Le maître écrit les lettres sur un tableau, les élèves copient tant bien que mal, et quand ils peuvent, au bout de quelques années, lire dans le Koran et écrire leur nom, leur éducation est terminée. De très rares sujets sont admis à suivre des cours plus relevés dans quelques *Zaouas*, sortes de monastères, où l'on enseigne un peu de droit, de médecine et de théologie à ceux qui se disposent à devenir marabouts (prêtres), toubibes (médecins), ou *kadys* (juges.)

Depuis trois jours nous voyons errer dans le camp un de ces malheureux petits Kabyles, qui court de tente en tente, comme un chien perdu, sans vouloir parler à personne ni accepter la moindre nourriture. A peine vêtu d'un reste de burnous tout taché de sang, il passe en grelotant devant nous et fait pitié. Il peut avoir une douzaine d'années. Il est teigneux, bancal, et criblé de coups de baïonnettes. Ses yeux caves, allumés par la fièvre, font peur à voir. Tête et pieds nus, on le trouve accroupi dans un coin, râlant comme s'il allait mourir. Tantôt on le voit courir sans but d'un point à un autre, sans parler, avec un cri plaintif qui déchire le cœur. Les médecins ont voulu le soigner, il déchirait ses bandages. Et quand on veut lui offrir de la soupe, des fruits où du biscuit, il regarde d'abord d'un air avide ce qu'on lui présente et se retire sans rien accepter. On raconte que sa mère à été massacrée près de lui, et que spectacle l'a rendu fou.

X

Tabana, 15 juillet.

L'armée marche toujours. Chaque matin, à deux heures, le clairon sonne. Le soldat couché tout habillé, se lève, plie sa tente, jette du bois au feu de bivouac dont on a eu soin d'entretenir la braise toute la nuit, prépare le café, y trempe à la hâte un morceau de biscuit et part.

Les routes, de plus en plus impraticables, ne laissent jamais passer deux hommes de front, et décrivent des lacets tellement nombreux qu'après avoir marché tout un jour on se trouve en face des mêmes pitons ennemis dont la veille on comptait les Arabes, à une distance qui semblait celle d'une portée d'obusier. A chaque pas les officiers sont obligés de descendre de cheval et de trainer par la figure leurs bêtes que la vue des précipices effraient ; les mulets de bât roulent avec leur charge au fond des ravins, les cantines se brisent, et les provisions si péniblement amassées s'échappent, réduisant leur propriétaire à la portion congrue du troupier.

Nous marchons ordinairement une demi-journée, puis on campe, on fait la cuisine et on s'installe pour la nuit. Parmi nos campements quelques-uns sont affreux, exposés en plein soleil, au vent brûlant qui nous incommode encore plus que la chaleur. D'autres fois nous nous arrêtons sous de beaux arbres, au bord de claires fontaines, dans des sites comme on en voit bien rarement, disent les officiers, dans les contrées les plus vantées de la France et de la Suisse. C'était pour moi, pendant les premiers jours, un véritable plaisir que cette vie

nomade; mais maintenant, en faisant mes ap-
prêts de départ, je ne puis m'empêcher de jeter
un regard et des paroles de regret aux abris qu'il
me faut quitter pour courir des étapes impré-
vues.

Aussi bien c'est la vie humaine. De quelque
lieu qu'il parte, en quelque lieu qu'il aille,
même à son idéal, l'homme emporte en s'éloi-
gnant un regret pour ce qu'il abandonne, une
crainte pour l'avenir.

Après plusieurs campements, à Taourirt, à
Trifendou, au Sept des Beni-Yaia, nous arri-
vons enfin tant bien que mal, tantôt voyageant
au bord des rnisseaux couverts de lauriers roses en fleurs qui descendent par cascade du
Djurjura, tantôt gravissant avec peine les âpres
crêtes de la montagne, sous les balles d'un ennemi qui fuit sans cesse devant nous, nous ar-
rivons, dis-je, sur le pic de Tamesguida, au
centre des sept où huit tribus qui demeurent
encore insoumises et qui se confient dans les difficultés naturelles du terrain pour défier nos ar-

mes. Ce sont les Ithourag, les Illiten, les Illoulaoumalou, les Idjer, tous ceux enfin qui, perchés sur les crêtes mêmes de la montagne du
Djurjura, ou cachés dans les crevasses du rocher, avec les singes dont ils prétendent descendre, se vantent de n'avoir besoin pour vivre
de rien au monde que de racines et de liberté.

Avec ces tribus dénuees de tout, et qui n'ont
rien à perdre à la guerre qu'une vie chétive,
toutes les négociations du bureau arabe, tous
les conseils des tribus déjà soumises, ont échoué
uniformément. Exaltées par l'honneur national,
elles refusent toute soumission et voient sans
trembler notre colonne tout entière marcher sur
elles, tandis que les trois colonnes d'observation, dont j'ai parlé au commencement de ces
lettres, les menacent au sud, et sur les flancs,
et leur coupent tout asile vers le désert.

Le pic de Tamesguida est un des plus élevés
de la Kabylie, et une des masses les plus escarpées du Djurjura. Du haut de son sommet
aride on découvre devant soi tous les points

où nous avons campé, tous les villages que nous avons détruits. Puis le Sebaou qui les entoure de ses eaux saumâtres, puis la plaine fertile de la côte, puis la mer, au-delà laquelle chacun voit par la pensée la France, la patrie, la famille absente. Derrière soi, au contraire. on voit descendre, et s'amoindrir les escarpements du Djurjura, ses bras déchiquetés descendre en mourant vers le Sahara couvert de sable, et les trois colonnes d'observation reconnaissables à leurs tentes de toile rangées en bon ordre, qui semblent attendre impatiemment un signal pour monter nous donner la main.

En présence de l'énergie connue des habitants de ces contrées, et surtout des obstacles naturels du pays, le maréchal, après avoir prescrit à l'avance toutes les mesures capables d'amoindrir la résistance, jaloux de terminer promptement la lutte, donna ordre aux trois divisions de sa colonne et aux contingents arabes qui prenaient part à la campagne de se mettre simultanément en marche, le 11 avant le jour, de détruire ou brûler tous les villages sur leur route, et de bivouaquer sur le territoire ennemi jusqu'à sa soumission absolue.

Cette consigne fut exécutée à la lettre, et avec un rare bonheur.

Pendant que la division Yusuf, par des chemins incalculables, gravit le pic aigu d'Azrou, qui se trouve au centre même des pays encore insoumis, et que le général Renaud, avec la sienne, pénètre dans la contrée neigeuse où se tiennent les Ithourag, la division de Mac-Mahon, après avoir fait un long détour et descendu prendre dans la plaine le chemin naturel du Mont-Tabana, commence l'ascension de ce nouveau pic, dont le versant, moins déchiqueté que celui de Tamesguida, est couvert en plusieurs endroits de vignes magnifiques, et présente à diverses hauteurs des forteresses naturelles creusées par les pluies dans le rocher qui en rendent la défense facile et la conquête hérissée de piéges. Nous nous attendions à une résistance très vigoureuse, elle n'a été que médiocre. Avant le soir nous avons atteint le sommet de la montagne et donné la main à la colonne du général Massiat qui avait reçu ordre de faire diversion à l'attaque sur le versant méridional de la chaîne principale.

Vers le soir, toutes les divisions ayant rempli leur tâche, et pris à la lettre le précepte de tout livrer aux flammes, toute la crête du Djurjura présenta l'aspect d'un immense incendie. Maisons, récoltes, cabanes, oliviers séculaires ne furent bientôt plus que cendres et fumée. Un nuage universel couvrait toute la contrée. Jamais, depuis le commencement de la campagne, on n'avait vu pareil spectacle. Jamais les turcos farouches, les zouaves pillards n'avaient eu si belle fête.

Les vaincus, déchirés par ce spectacle qui leur enlevait en une heure le bien-être de dix années, oubliaient leur courage pour fuir en levant les mains au ciel, comme si la fin du monde eût sonné pour eux.

Cependant ils ne parlaient pas de se rendre, lorsqu'un événement inattendu vint changer la direction des esprits : je veux parler de la prise de Lella-Fatma.

Cette femme était une prophétesse, une sorte de druidesse musulmane. Issue d'une famille de marabouts, dont l'influence a toujours été considérable sur tes tribus des rochers, entourée de richesses considérables, vénérée presqu'à l'égal de Dieu même, Lella-Fatma avait la réputation de rendre des oracles que les événements ne démentaient jamais.

« Moins l'homme est éclairé, a dit un philosophe chrétien, plus il croit en son semblable, moins il cherche et comprend son Créateur. »

Dans le village qu'elle habitait, et dans les gorges voisines, les tribus du rocher avaient entassé leurs maigres richesses comme sous la protection d'un Dieu.

Cependant les Français arrivent, les zouaves. gens peu crédules de leur nature, montent les pics escarpés qni conduisent à son refuge. « Les roumis nous suivent, disent--ils, ils tuent tout sans pitié ; avant une heure ils entreront dans le ravin qui conduit au village. »

La prophétesse rassure les femmes et les enfants, les cache dans sa demeure, et promet à tous sa protection divine. A force de pitié pour son peuple en larmes, elle croit peut-etre elle-même en son pouvoir céleste.

Les zouaves cependant vont toujours : savants de la guerre et des mœurs africaines, flairant la *razzia*, il s'avancent dans toutes les directions. Ils arrivent enfin en petit nombre ; mais au même instant une nuée de Kabyles en armes se précipite sur eux Les zouaves se défendent et font du bruit de leur poudre pour attirer du secours. Un clairon qu'ils ont parmi eux lance tout son répertoire aux échos de la montagne. Tous les soldats sont solitaires. Tout ceux qui, maraudant par la vallée, entendent cet appel, jettent leur buttin et accourent. Les Kabyles voient arriver ce flot d'uniformes ; et poussant

des hurlements de tigres, *il* font feu du haut
des maisons, de chaque arbre, de chaque
ruelle.

Peine perdue ; les soldats envahissent tout, et
le pillage commence. Soudain, au fond d'un
appartement assez vaste, dont les vainqueurs
ont enfoncé la porte, une femme kabyle, petite
presque massive , apparaît entourée de femmes
et d'enfants qui tendent vers elle des mains
suppliantes : c'est la prophétesse.

D'un geste impérieux elle écarte les baïonnettes des zouaves, s'avance hautaine, presque
menaçante ; puis tout-à-coup , apercevant son
frère, le marabout Sidi-Thaleb, une des plus
nobles figures que j'aie vues, assis, brisé de
désespoir à la porte du lieu saint, elle fait un
pas vers lui et se jette dans ses bras en sanglo-
tant. La prophétesse n'est plus qu'une femme
captive.

Cette scène touchante désarme aussitôt la
fureur des soldats. Pour les Français eux-mêmes,
cette femme au front inspiré, couverte de bi-

joux et vêtue de fins burnous blancs, a quelque chose de surhumain qui commande le respect. On amène devant elle un mulet, on la place avec tous les égards sur un tapis arrangé sur le dos de l'animal à la manière arabe, et lentement, traînant après elle un butin immense, la petite troupe victorieuse reprend le chemin du camp.

Après six heures de marche pénible, par une nuit noire et froide, le capitaine Fourchaud, envoyé par le général Yusuf pour conduire au maréchal cette précieuse capture, se présente devant lui.

Le maréchal, assis devant sa tente, se chauffait à un feu de bivouac en causant avec quelques officiers.

— Monsieur le maréchal, dit-il, je vous amène Lella-Fatma et deux cents prisonniers.

En même temps une femme enveloppée de draperies blanches met pied à terre et s'avance appuyée au bras du vieux marabout.

Le gouverneur fait entrer la prophétesse sous sa tente. Elle s'asseoit, regarde sans affectation mais sans timidité tous ceux qui l'entourent, et répond au maréchal qui l'interroge :

— Tes soldats ont quitté leurs rangs pour pénétrer dans mon village, les miens se sont défendus. Je suis ta captive. Je ne te reproche rien, tu ne me dois rien reprocher. C'était écrit.

On prépara aussitôt des abris et des vivres pour tous les prisonniers. Lella-Fatma se retira dans la tente qui lui avait été assignée, et des gardes furent placés autour, plutôt pour la protéger que dans la crainte d'une évasion

Dès le lendemain de cet événement, la nouvelle avait fait le tour du Djurjura. Aussitôt les envoyés des Illiten, des Thourag, des Illoulaoumalou, s'empressèrent de venir faire la soumission de leurs tribus et accepter toutes les conditions que le maréchal voulut leur dicter.

Pour que la soumission de la Kabylie soit

complète il ne reste plus qu'une tribu, celle des Idjers, qui, plus fière encore ou plus présomptueuse que les autres, n'a voulu écouter aucun conseil ni se laisser toucher par aucun exemple. Demain notre division, toujours la première, doit quitter son camp pour monter vers eux.

XI

Mon cher frère, la campagne est terminée.
Tu seras peut-être un peu surpris de reconnaître que l'écriture de cette lettre n'est pas la
mienne; mais tu le seras bien davantage en
apprenant que je suis autorisé à aller passer six
mois près de toi, de notre mère et de ta jeune
femme. C'est une joie sur laquelle je ne pou-
vais compter, et que je dois à un honnête ka-

byle qui, l'autre jour, aux Idjers, m'a fait l'a-
mitié de me loger une balle dans l'épaule.

N'allez pas vous figurer au moins que je sois
blessé grièvement : ça ne vaut pas la peine
d'en parler; mais le jeune docteur dont je t'ai
parlé, qui, à ce qu'il paraît, est de notre pays,
a absolument voulu me faire avoir un congé et
me présenter au maréchal pour la médaille
militaire. En sorte que je vais arriver au village avec un ruban à la boutonnière, comme
un ancien.

Il faut te dire que depuis une quinzaine de
jours notre marche était devenue si rapide, et
les chemins que nous suivions tellement mauvais, qu'il avait été impossible d'organiser un
convoi pour ramener les malades et les blessés par Tamesguida et Ischeriden jusqu'à l'hôpital du fort Napoléon. Nous étions donc obligés de les traîner après nous sur des cacolets,
et chaque jour une compagnie leur faisait
escorte.

Le jour de notre entrée dans le pays des

Idjers, qui est une suite de mamelons arides
où ne croissent que des lavandes et des len-
tisques sauvages, ma compagnie avait été chargée de cette escorte. Nous marchions sans trop
de précautions, car les coups de fusil étaient
rares, lorsque tout-à-coup d'un fourré de buissons s'élancent comme des furieux dix ou douze
individus, le fusil et le sabre à la main, qui
empoignent un mulet, font culbuter sa charge
et font mine de vouloir entraîner malgré nous
les deux pauvres diables de blessés qui le
montaient. Naturellement nous nous élançons
à leur secours, les bédouins résistent, nous
faisons feu sur eux, ils répondent; des camarades qu'ils avaient placé d'avance dans les
rochers voisins accourent, et, dans la bagarre,
je reçois une prune à l'épaule. Mais franche-
ment ça fait moins de mal qu'on ne croirait.
L'important c'est que tous ces gredins ont été
passés par les armes, et que pas un de nos malades n'a été pris.

Il paraît que cette petite *râclée* semble aux
derniers défenseurs de l'indépendance kabyle

une raison suffisante pour poser les armes, car
dès le soir même nous les avons vus venir au
camp, la tête entourée de branches d'arbres en
signe de trève. Ils ont accepté les conditions
comme les autres.

Le lendemain 17, le général en chef a déclaré
que, n'ayant plus à combattre, la campagne
était close, et que chacun pouvait retourner
chez soi. On a beaucoup trinqué, beaucoup
chanté, beaucoup fraternisé avec nos amis les
ennemis, et chaque colonne a repris sa route,
les unes vers Alger, les autres vers Oran, les
dernières vers Constantine, tandis que le maréchal regagnait Souk-el-Arba, où la construction
du fort avance repidement et où il se propose de
laisser un corps d'occupation qui doit tenir tout
le pays en respect.

Qaunt à moi, du moment où j'avais une balle
dans le dos, je n'appartenais plus à ma compagnie, j'étais devenu la propriété de l'ambulance.
Nous étions là trois cents plus ou moins éclo-
pés, auxquels il aurait été impossible de suivre

la marche rapide de l'armée. Dans la visite qu'il nous fit avant le départ, le maréchal décida que noue irions tous nous embarquer à Dellys, qui est un petit port à trois jours de marche de la Kabylie, et que ceux qui seraient désignés par le docteur pourraient aller passer six mois dans leurs foyers pour se remettre.

Cette promesse rendit la vie aux plus malades; dès le jour suivant on nous hissa sur des cacolets, et mon jeune docteur, toujours le même, reçut mission de nous conduire avec une escorte de cavalerie. Pour éviter les mauvais chemins, le lit desséché du Sebaou, dont les sources sont voisines, nous servit de route. Nous gagnâmes la pleine qui contourne la Kabylie, et par une chaleur tropicale, à travers les hautes herbes et les tiges desséchées d'asphodèles, nous descendîmes le cours du fleuve.

Notre marche fut très heureuse. Les jardins d'une riche zaoua nous servirent de campement le premier soir. Les Kabyles soumis de la veille ne nous inquiétèrent point. Leurs femmes au contraire, encore tout émues de leurs pertes récentes, vinrent nous apporter du lait et des fruits. Le lendemain nous couchâmes à Sikoumédour, le premier point d'où nous avions attaqué les Beni-Raten. Le troisième jour nous atteignîmes Tizi-Ouzou, où quarante-deux voitures nous attendaient.

Ces voitures, construites dans les parcs militaires, sont fort douces. On peut s'y placer couché ou debout, et les blessés les plus gravement atteints peuvent y être transportés sans danger.

Le reste de notre voyage devait s'effectuer sur une route sinon irréprochable, au moins tracée, dont nos quarante voitures couvraient près d'un kilomètre. Malgré la chaleur et la poussière, deux jours nous ont suffi pour ce trajet. Trois des nôtres seulement ont péri avant de revoir la mer.

Maintenant je suis à Dellys, dans un bon lit d'hôpital, entouré de soins, en attendant que le bateau qui doit me ramener au pays soit prêt à partir. J'arriverai peut-être aussitôt que ma lettre; mais, en cas de retard, je profite de la main dévouée d'un camarade, dont le pied seul est endommagé, pour t'adresser la fin du récit de ma première campagne et la bonne nouvelle de ma prochaine arrivée.

Adieu, mon cher Claude, ne me plains pas : j'ai fait un voyage magnifique; le maréchal m'accorde la médaille, et je vais bientôt vous embrasser tous.

« Ah! quel plaisir d'être soldat ! »

TABLE.

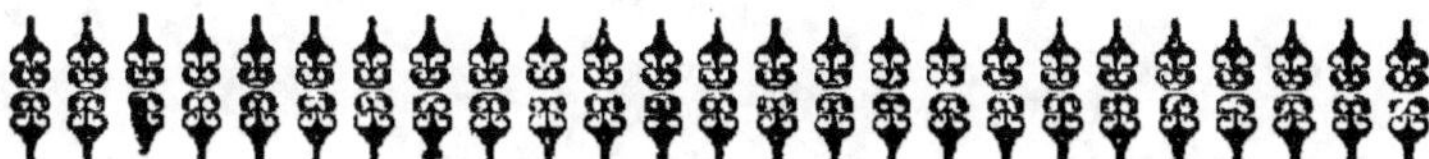

TABLE.

—

FIN DE LA TABLE.

Limoges. — Imp. F. F. Ardant frères.

9 782329 776330